(couverture = la couverture)

Le camp retranché de Metz

ET

LA FORTIFICATION CUIRASSÉE MODERNE

PAR

JULIUS MEYER,

CAPITAINE DANS L'ARMÉE HELVÉTIQUE.

———✦———

Seule traduction française autorisée

———

Une carte en relief et trois planches.

———✦———

ANVERS

Bodenhorst et Cie,
libraires-éditeurs,
38, Longue rue Herenthals, 38

PARIS

Berger-Levrault et Cie,
libraires-éditeurs,
5, Rue des Beaux-Arts, 5.

1895

LE CAMP RETRANCHÉ DE METZ

ET

la fortification cuirassée moderne

Imprimerie JOS. REYNAERT-COREWYN, rue d'Orange, 4, Anvers.

Le camp retranché de Metz

ET

LA FORTIFICATION CUIRASSÉE MODERNE

PAR

JULIUS MEYER,

CAPITAINE DANS L'ARMÉE HELVÉTIQUE.

———◇◈◇———

Seule traduction française autorisée

——◄►——

Une carte en relief et trois planches.

——◇◈◇——

ANVERS

Bodenhorst et Cie,

libraires-éditeurs,

38, Longue rue Herenthals, 38

PARIS

Berger-Levrault et Cie,

libraires-éditeurs,

5, Rue des Beaux-Arts, 5.

1895

L'art des fortifications doit, dès l'abord, construire ses ouvrages tels qu'ils seront employés à la guerre.

Le mode de combat de l'infanterie sera son guide ;

Répartition suivant le front et la profondeur ;

Ordre dispersé, point de tactique de masses ;

Concentration du feu sur des buts déterminés.

Les fronts cuirassés conviennent entièrement à cette tactique, les forts cuirassés n'en sont que l'apparence trompeuse.

J. M.

Nous avions l'intention d'abord de donner à cette brochure le titre « *le front cuirassé sous l'influence de la critique* », puisqu'elle est la continuation de nos études au sujet de « *l'emploi des cuirassements sur le terrain*[1] » et qu'elle a pour but de donner une extension plus grande aux principes que nous avons exposés précédemment, en leur donnant une représentation moins défectueuse et plus précise et en les modifiant partout où la critique nous a indiqué une solution meilleure.

Mais, comme nous avons trouvé dans le terrain qui entoure la place de Metz un exemple convenable pour l'application de nos recherches, nous avons préféré faire connaître le nom de ce terrain en tête de cette brochure.

Nous ne voulons pas traiter ce sujet d'une manière *purement académique*, en indiquant le groupement méthodique des éléments sur la surface unie d'une planchette, c'est-à-dire sans tenir compte des circonstances du terrain. Ce procédé avec les formes typiques qui l'accompagnent n'engendre rien de bon et nous conduirait à vouloir établir théoriquement des idées préconçues dont l'exécution est impossible dans la pratique.

C'est à cause de ces considérations que nous nous sommes attaché, dans nos deux brochures, à représenter immédiatement l'emplacement des batteries cuirassées sur le terrain, sans groupement méthodique préalable, et la critique a généralement approuvé notre manière de faire. Toutefois, quelques voix isolées ont laissé entrevoir le désir d'un développement plus systématique.

La méthode n'a de valeur que parce qu'elle représente l'image dans

---

1) Emploi des cuirassements mobiles dans les fortifications sur territoire Suisse. In 8° avec 2 planches lithographiées . . . . fr. 1.60
   Attaque et défense des fortifiations cuirassées modernes. In 8° avec 6 cartes et plans . . . . fr. 6.00
   Ces deux ouvrages sont en vente chez les éditeurs de cette brochure,

son état pur, abstraction faite de l'influence des conditions de terrain et parce qu'elle permet ainsi un aperçu plus facile des forces nécessaires Si nous avons tenu compte de ce désir, nous avons pu le faire d'autant mieux, parce que l'importance capitale réside quand même dans l'emploi pratique sur le terrain.

D'autre part, on nous a fait souvent l'objection, même du côté des Allemands « oui, ce front cuirassé peut bien s'appliquer au terrain que vous avez choisi pour vos croquis et dans les plaines de Focsani, mais il en est tout autrement pour nous ».

Cette objection se comprend difficilement.

S'il a été possible d'appliquer en terrain coupé les formes méthodiques antérieures des ouvrages de la place, quelles difficultés y rencontrerait-on s'il agissait d'y adapter un système de fortifications qui est absolument indépendant du terrain, mais qui l'utilise tel qu'il se présente ?

Les pages suivantes justifieront notre assertion et si nous avons choisi le camp retranché de Metz, c'est en raison du rang qu'il occupe dans la fortification.

Dans la situation politique actuelle et au point de vue stratégique, la place de Metz est la forteresse offensive et défensive la plus importante de l'Europe.

Tactiquement parlant, Metz est une des forteresses les plus belles, à cause de l'excellente configuration du terrain qui l'environne.

On nous objectera peut-être que nous eussions mieux fait, pour l'application de nos études, de choisir un autre point ; nous n'avons cependant pas hésité à le faire, parce que nous ne craignons pas d'éveiller les susceptibilités des Allemands et parce que nous sommes complètement à l'abri de tout esprit de chauvinisme

En effet, pourquoi les Allemands s'effaroucheraient-ils de voir une de leurs places fortes exposée à la critique, puisque toutes les fortifications construites jusqu'à ce jour ont été l'objet d'une critique semblable, faite à grands traits et d'une manière générale

D'ailleurs, il est incontestable que l'application d'un matériel de guerre nouveau à un terrain célèbre dans l'histoire et qui est appelé encore à jouer un grand rôle dans une guerre future entre l'Allemagne et la France, mérite beaucoup plus d'intérêt que si nous avions choisi comme exemple une place de moindre importance. La forme de ce terrain nous a fourni une occasion favorable pour établir une comparaison entre l'ancienne et la nouvelle fortification. Actuellement la ceinture des forts possède un rayon de 4 à 5 kilomètres, ce qui correspond à un développement total de 24 à 30 kilomètres pour la fortification de Metz.

Conformément aux exigences de nos jours, le front cuirassé a été construit sur un rayon de 8 à 10 kilomètres, ce qui donne au front de combat une étendue de 50 à 60 kilomètres.

Ajoutons à cela qu'il existe à peine une deuxième forteresse dont on possède une connaissance aussi approfondie, car la plupart des forts, construits sous l'empire français, sont exactement connus et, pour l'étude du terrain qui environne la place, les nombreuses cartes allemandes et françaises ont été si souvent utilisées dans la littérature militaire, que l'on est en droit de dire que le développement actuel des ouvrages de la fortification de Metz peut être regardé comme le *secret de tout le monde.*

I.

Développement historique de la place de Metz.

Aperçu général du terrain.

A l'ouest des Vosges jusqu'à la Meuse s'étend le terrain ondulé de la Lorraine ; il est traversé par plusieurs cours d'eau qui se dirigent la plupart du sud au nord.

Le plus important est la Moselle, qui prend sa source au Ballon d'Alsace, le point le plus élevé des Vosges, se dirige d'abord au nord-ouest jusqu'à Toul, puis au nord-est, pour opérer sa jonction avec le Rhin.

C'est à peu près au milieu du cours de cette rivière, dans une vallée profonde et au confluent de la Seille, petit cours d'eau débouchant de droite, qu'est située la ville de Metz.

La vallée de la Moselle s'y élargit de 2 à 4 kilomètres. Les deux versants atteignent en leur point le plus élevé la cote de 220 mètres, le niveau de l'eau étant à 163 mètres.

La Moselle possède dans ces environs une largeur moyenne de 150 mètres ; mais, à 2 1/2 kilomètres en amont de la ville, la rivière se partage en deux bras principaux qui se rejoignent à 6 kilomètres en aval et forment trois îles d'étendue différente. Ce sont les îles St Symphorien, Saulcy et Chambière.

Une partie de la ville a été bâtie sur cette dernière île, mais la plus grande agglomération est située sur la rive droite, dans le triangle formé par la Seille et la Moselle.

Evénements historiques jusqu'en 1870.

Le nom de la ville joue déjà un rôle dans l'histoire des temps les plus reculés : c'est la Divodurum des Gaulois, la Mediomatrix des Romains. C'est de là que proviennent les dénominations abrégées de Metae ou Metis et plus tard celle de Metz.

Après avoir été détruite, au 5ᵉ siècle, par les Huns sous la conduite d'Attila, la ville passa plus tard sous la domination des Francs et, en 843, par le traité de Verdun, sous celle de l'empire allemand. C'est alors qu'elle devint ville libre.

A partir de 1552, une ère nouvelle s'ouvrit pour la ville et, comme les ouvrages de fortification actuels datent de cette époque, il est nécessaire que nous entrions dans quelques détails.

La ville de Metz tomba au pouvoir des Français, grâce à l'ambition politique de l'Electeur Maurice de Saxe et à la suite de sa double trahison, d'abord au détriment de son parent, le prince Allemand, et en faveur de Charles-Quint, mais avec l'intention de s'assurer le gouvernement de la Saxe, ensuite au détriment de l'empereur et en faveur du Régent protestant dont il avait d'abord abandonné la cause, mais dans le but de conserver son prestige et d'étendre son autorité.

Après avoir reçu de l'empereur, pour les services qu'il lui avait rendus pendant la guerre Smalcade, la dignité électorale et le gouvernement du pays, enlevés à son cousin Jean Frédéric, Maurice de Saxe fut chargé, le 4 Octobre 1550, de faire le siége de Magdebourg.

Mais cette place, qui était bien approvisionnée de vivres et d'artillerie, fut vaillamment défendue par la bourgeoisie et par des troupes recrutées.

Voyant qu'il n'y avait pas beaucoup d'honneurs à retirer de cette opération de guerre et s'apercevant que l'agitation de ses sujets prenait une tournure dangereuse pour lui, à cause de sa trahison au protestantisme, Maurice de Saxe résolut d'abandonner la cause de l'empereur qui l'avait comblé d'honneurs jusqu'alors, et traita avec l'ennemi.

Cette conciliation amena, le 30 Novembre 1551, la capitulation libre de Magdebourg et, en 1552, la conclusion d'un traité secret avec la France qui appuyerait sa campagne contre l'empereur dans l'Allemagne du Sud, en faisant une invasion en Alsace et dans la direction du Haut Rhin.

Pour reconnaître les services rendus au prince protestant, Maurice de Saxe céda au roi de France, Henri II, le *droit de garnison* des places de Metz, Toul et Verdun.

Le 10 avril 1552, les Français firent leur entrée dans la place de Metz que le roi de France était appelé à gouverner en qualité de prince de l'empire allemand. Mais ils n'étaient nullement disposés à tirer les marrons du feu pour le bon plaisir de l'Electeur Maurice de Saxe et ils cherchaient à conserver la place et à la faire servir d'après leurs buts.

Les bourgeois de Metz comprirent bientôt qu'ils avaient eu tort de se séparer de l'empire allemand et de se jeter dans les bras des Français. Ils furent donc très heureux de voir Charles-Quint reparaître devant la place, pour s'en réemparer.

Le siège commença le 19 octobre et l'empereur suivit les opérations, placé sur le mamelon est du Mont St. Quentin, emplacement occupé aujourd'hui par le fort Prince Frédéric-Charles. La place fut défendue énergiquement par le duc François de Guise. L'armée impériale fut bientôt décimée par le froid, les maladies et le manque de vivres. Elle perdit 35000 hommes, l'investissement fut levé le 23 décembre 1552 et les troupes se retirèrent dans les Pays-Bas. Le traité de Westphalie, en 1648, reconnut à la France la possession de la place de Metz et des pays d'Alsace-Lorraine.

A partir de cette date, la forteresse ne joua plus pendant longtemps un rôle important dans l'histoire militaire. Elle fut tenue en observation, cernée pendant peu de temps, mais non assiégée sérieusement. Elle ne fut même pas utilisée comme point d'appui pour les opérations de l'armée de campagne, car pendant les guerres de la République française contre l'Allemagne (Autriche), les lignes d'opérations principales s'étendirent à travers la Belgique actuelle et le Luxembourg au Bas-Rhin et au Rhin moyen et, d'un autre côté, vers la Suisse et le nord de l'Italie. Ces lignes furent souvent très rapprochées de Metz, en passant par Thionville et Verdun.

Ce n'est qu'en 1814 que la place de Metz rentra de nouveau en scène.

Depuis le 13 janvier jusqu'à l'abdication de Napoléon, elle fut bloquée d'abord par les Prussiens, puis par les Russes et enfin par les troupes de la Hesse Electorale, mais toujours sans succès. Elle ne fut pas obligée de se rendre.

La forteresse aurait eu une importance beaucoup plus considérable si, à la fin du mois de mars, l'empereur Napoléon avait mis complètement à exécution le plan qu'il avait conçu de se placer en dehors du cercle d'action des Alliés.

Après sa marche d'Arcis à St. Dizier et à Bar sur Aube, Napoléon s'était mis sur les derrières de l'armée de Schwarzenberg et croyait pouvoir détourner les Alliés de Paris, en inquiétant leurs communications avec le Rhin.

Mais dès qu'il eut acquis l'entière conviction que leurs forces principales continuaient à avancer vers Paris, il prit la résolution hardie de se jeter avec le reste de son armée dans les Vosges et d'en faire un théâtre de guerre indépendant, dans lequel la place de Metz eût été appelée sans aucun doute à jouer un rôle important comme point d'appui de ses opérations.

Mais ce plan échoua en présence de la résistance de ses maréchaux que la longue et pénible campagne d'hiver avait visiblement fatigués.

En 1815, la place de Metz fut tenue seulement en observation par un détachement de troupes russes.

Développement de la fortification de la place jusqu'en 1866.

Avant de donner un aperçu des événements de l'année 1870, les plus mémorables qui se rattachent à cette place, nous désirons faire l'étude des ouvrages de la forteresse.

La place de Metz se compose actuellement d'une enceinte principale et de deux fortes têtes de pont et comme complément entre celles-ci il y a des petits forts, des lunettes et des redoutes. Elle possède, en outre, une ceinture solide de forts détachés dont la construction fut commencée en 1867 et qui ne fut réellement achevée qu'en 1892 par la fermeture des lignes intermédiaires, après avoir reçu des améliorations successives. Le noyau de la place, tel qu'il existait déjà du temps de Napoléon I, était composé de trois fronts dont il fallait tenir compte, en cas de siège.

1. Le front est formé par la tête de pont de Belle-Croix (aujourd'hui le fort Steinmetz) sur la rive droite de la Seille ;

2. Le front ouest représenté par la tête de pont la Moselle (aujourd'hui baptisée du nom de fort Voigts Rhetz) sur la rive gauche de la Moselle.

3. Le front sud entre la Moselle et la Seille, représenté par le rempart principal, très solide en ce point, et les ouvrages avancés.

L'enceinte principale contourne toute la banlieue de la ville. Elle commence à la porte de la Citadelle, près du bras droit de la Moselle, et se dirige presque en ligne droite vers la Seille. Elle tourne ensuite, à la porte de la Mazelle, à angle droit pour prendre la direction du nord, en longeant ce petit cours d'eau qui constitue ici le fossé de la place et au-delà duquel s'élèvent quelques redoutes de formes variées. La direction change à l'embouchure de la Mazelle dans la Seille, c'est-à-dire à la porte Chambière : le rempart fait face au nord-est et, arrivé à la Moselle, tourne de nouveau à angle droit, enveloppe le faubourg Vincent et suit la direction du bras gauche de la Moselle, en faisant face au nord-ouest. Au Ponts des Morts, il s'avance vers l'île Saulcy, contourne la poudrerie et se dirige de nouveau vers la porte de la Citadelle, en suivant la rive droite du bras navigable de la Moselle,

C'est là, à l'angle nord-ouest de la ville (mais à l'intérieur de l'enceinte que nous venons de décrire) que le maréchal Vieilleville commença en 1556, la construction d'une citadelle, qui fut rasée en 1791 et remplacée ensuite par une nouvelle, située en dehors des remparts. C'est celle qui est indiquée sur la carte.

Le but de cette ancienne citadelle était de tenir sous la bride la bourgeoisie de Metz qui avait encore à cette époque des tendances allemandes. C'est seulement à la démolition de cette forteresse, dirigée contre la ville, et en présence des libertés octroyées par la révolution française que les Messins devinrent de bons Français.

Dans toutes ces constructions, on employa le système bastionné de Vauban, mais dans la plupart des cas comme simple enceinte. Toutefois, au front sud on découvre déjà comme une espèce de ceinture étroite de forts, formée de la nouvelle citadelle et de deux redoutes avancées. A l'endroit où se trouve actuellement le bassin du port, près de la station du chemin de fer, il y avait une lunette très allongée et, dans la direction de la Seille, nous rencontrons la redoute fermée du Paté.

Parmi les ouvrages extérieurs les plus solides et les plus étendus, nous devons citer les deux têtes de pont qui ont été construites par Cormontaigne dans la première moitié du 18e siècle. C'est également à cet ingénieur que les Messins doivent l'achèvement de leur enceinte. Les deux forts Steinmetz et Voigts Rhetz sont des ouvrages à double couronne, composés de deux bastions et de deux demi-bastions.

Si on leur avait donné un peu plus d'étendue, plus d'évasement au centre et un fort réduit central en arrière, comme en possèdent les têtes de pont de Germersheim et d'Ingolstadt, on aurait pu les citer comme types ; mais, tels qu'ils ont été construits, l'espace intérieur est trop restreint.

Le premier fort (Belle-Croix), sur la rive droite de la Seille, est situé sur une élévation de terrain qui s'avance vers la Moselle entre les ruisseaux de Vallières et de Cheneau. Il est flanqué à droite par le fort Gisors et à gauche, du côté de l'île Chambière, par le fort Miollis.

Le fort la Moselle, sur la rive gauche de la rivière, est flanqué à droite par la lunette Chambière et à gauche, par les ouvrages avancés de l'île Saulcy.

Il existe, en somme, à Metz deux lignes fortifiées successives qui ne sont interrompues que sur l'île St. Symphorien, où elles n'étaient d'ailleurs pas nécessaires.

Le noyau intérieur de la place est formé par l'enceinte que nous avons décrite précédemment. En avant d'elle, à des distances variant entre 300 et 500 mètres, nous trouvons : la citadelle avec ses deux redoutes, la redoute du Paté, le fort Gisors, le fort Belle-Croix, le fort Miollis, la lunette Chambière, le fort la Moselle et les ouvrages avancés de Saulcy.

Cette ceinture étroite de forts, qui se rapproche des idées de Montalembert, sauterait encore mieux aux yeux, si l'on avait eu soin de construire les bastions des têtes de pont comme lunettes indépendantes, sans courtine de raccordement.

C'est dans cet état que nous trouvons la place de Metz, lorsque la bataille de Sadowa, en 1866, fit connaître à l'empereur Napoléon que l'équilibre militaire de l'Europe s'était déplacé à son désavantage.

Etat de l'art de la fortification au moment de l'introduction des canons rayés.

Jusqu'à cette époque, les places de Paris et de Lyon seules étaient précédées d'une large ceinture de forts détachés ; toutes les autres forteresses telles que Strasbourg, Verdun, Toul, etc. ne possédaient même pas d'ouvrages extérieurs et se trouvaient, par conséquent, dans une situation inférieure à celle de Metz.

Après les premières expériences faites avec les canons rayés, on reconnut la nécessité d'établir les forts détachés à une distance plus grande de la place, afin qu'en cas de siége, la ville comprise dans l'enceinte fût mieux protégée contre le bombardement. C'est cette considération qui donna naissance à la ceinture éloignée des forts. La grande portée des bouches à feu permit aussi d'agrandir les intervalles entre les ouvrages ; mais, dans cet ordre d'idées, on se jeta d'un extrême dans l'autre et on alla beaucoup trop loin.

La force de la ceinture étroite des forts résidait dans l'indépendance des ouvrages extérieurs et dans le système de réserve représenté par le fractionnement de la défense sur deux lignes. Au moment de l'attaque des forts, le rempart principal, situé peu en arrière, entrait aussi immédiatement en action et dominait les intervalles ouverts, les flancs des ouvrages avancés et ceux-ci même, dans le cas où l'ennemi tentait de s'emparer de l'un de ces forts de vive force.

C'était un bon système, le meilleur que la fortification avait présenté jusqu'alors. Son principe fondamental avait été emprunté à la fortification de Montalembert, qui doit être regardé comme le plus grand ingénieur de l'ancienne école. Il est de beaucoup supérieur à Vauban, car il fut le créateur d'un système indépendant qui devançait son époque et qui exigeait une nouvelle tactique répondant alors à la manière de combattre des tirailleurs et des colonnes.

Si l'on avait voulu créer quelque chose de semblable pour la ceinture large des forts, il aurait fallu établir un double cordon de petits ouvrages. La différence entre la ceinture étroite et la ceinture large des forts consistait alors en ceci, c'est que les ouvrages étaient détachés entre eux à de grandes distances et que le deuxième front ne formait pas une ligne continue, comme précédemment l'enceinte. On gagnait ainsi en même temps l'espace nécessaire pour le déploiement des réserves.

La première ligne devait comprendre avant tout des forts bien couverts et armés de bouches à feu à tir plongeant ; la défense du fossé serait rendue indépendante, grâce à une combinaison judicieuse des tracés et à l'aide de solides caponnières de gorge.

L'annexe et la planche IV de notre travail sur « l'attaque et la défense de la fortification cuirassée moderne » indiquent le tracé et le profil.

Immédiatement en arrière de ces ouvrages pour obusiers, qui peuvent être considérés comme trois parties isolées reliées par le fossé, l'artillerie mobile eût trouvé un solide point d'appui dans ce front à l'abri d'une attaque de vive force.

Les intervalles entre les forts à obusiers eussent varié, suivant la configuration du terrain, entre 1000 et 2000ᵐ au maximum.

Comme deuxième ligne, on aurait construit en arrière de la première, à une distance de 1000 mètres et dans les intervalles, de petits forts armés de bouches à feu à trajectoire tendue et dont le but était de tirer pardessus les précédents, pour appuyer le combat d'artillerie entamé par les obusiers et pour flanquer, au moment de l'assaut, les intervalles ouverts et les ouvrages à obusiers.

Il est évident que pour l'emplacement de ces forts de deuxième ligne, on aurait dû choisir les points les plus dominants du terrain ; les forts à obusiers pouvaient être établis en des points situés plus bas, leur efficacité restant la même.

Dans cette nouvelle ceinture de forts, des ouvrages de n'importe quelle construction pouvaient rendre approximativement les mêmes services, pourvu qu'ils fussent utilisés tactiquement, car ce qui devait primer avant tout, c'était le fractionnement sur deux lignes, afin de représenter l'indépendance des parties de la fortification et le système de réserve qui entre en action immédiatement, dès que le remplacement momentané de l'un des éléments devient nécessaire.

Voyons maintenant comment les ingénieurs s'y sont pris à Metz pour répondre à ces exigences de la tactique.

Terrain extérieur de Metz.

A l'est de la place, sur la rive droite de la Seille et de la Moselle, c'est-à-dire du côté de l'Allemagne, trois séries d'ondulations, se transformant successivement en terrasses, se dirigent radialement vers l'enceinte de la ville.

Vues de la place et en commençant par la droite, nous trouvons d'abord la terrasse cotée 225 : elle est située entre la Seille et le ruisseau de Cheneau, au sud-est de Queuleu, et sa ramification nord porte le fort Gisors (185).

L'ondulation centrale, entre les ruisseaux de Cheneau et de Vallières, s'avance jusqu'à proximité de la Seille. Le niveau de la Moselle se trouve à peu près à 163ᵐ au-dessus du niveau de la mer. Cette terrasse sur laquelle a été construit le fort Belle-Croix, formant tête de pont, a une hauteur de 205ᵐ. A partir de là, le terrain monte doucement vers l'est et atteint la cote 215, près des Bordes, et 240, à proximité de la ferme Belle-Croix.

Au nord-est de la ville, entre le ruisseau de Vallières et la Moselle, s'élève la terrasse St Julien portant la cote 260. Ici également la ramification monte du côté de l'assaillant et atteint la cote 313, près de Sᵗᵉ Barbe, à 8 kilomètres de la place, tandis que les deux premières séries d'ondulations se réunissent à Mercy, à la cote 250.

Au sud de la place, entre la Moselle et la Seille, le terrain est à la cote 190 et reste passablement uni sur une étendue de 6 kilomètres à partir de la Citadelle et jusqu'au pied du mamelon isolé St. Blaise, dont le point culminant se trouve à 364ᵐ de hauteur.

Sur la rive gauche de la Moselle s'étend, sous forme d'ondulations plates, un plateau entrecoupé par de profonds ruisseaux, formant crevasses : le versant est descend à pente rapide vers le fond de la vallée. Contrairement à ce qui se passe sur la rive droite, il n'existe pas ici d'avant-terrasses. Au contraire, en aval de Metz, le bord élevé de la vallée s'éloigne de la rivière à tel point qu'au nord de la ville la plaine atteint une largeur de 4 kilomètres. N'oublions pas de mentionner spécialement le Mont Sᵗ Quentin (360), qui est situé exactement à l'ouest de la place et séparé brusquement du plateau par des crevasses d'eau : c'est la clef de la forteresse de Metz.

Au nord de ces hauteurs et à proximité de Plappeville est située la terrasse 315 qui descend brusquement vers l'est. Elle est, de même que le Sᵗ Quentin, la ramification sud d'une ondulation de terrain très mouvémentée qui atteint sa plus grande hauteur 380ᵐ près de Plesnois.

Agrandissement de la ceinture des forts par les Français.

Dès que l'on eut étudié, en 1867, les plans pour la reconstruction de la place, on commença au printemps de l'année suivante les travaux pour leur exécution. On choisit comme emplacements les hauteurs qui entourent la ville sur les deux rives de la Moselle et que nous avons suffisamment appris à connaître.

On se contenta de reculer les nouveaux ouvrages de 2000 à 4000ᵐ, ce qui doit être regardé comme entièrement suffisant pour les exigences de l'époque.

Le front est fut renforcé en avant des deux flancs de la tête de pont Belle-Croix par deux ouvrages très étendus; à droite, par le fort Queuleu (225), à 2500ᵐ de la porte de la Mazelle, le front tourné vers Mercy-le-Haut ; à gauche, par le fort St Julien (260), à 2500ᵐ en avant du flanc gauche de la tête de pont, le front dirigé vers Sᵗᵉ Barbe.

Au milieu de ces deux ouvrages, le fort les Bordes était destiné à fermer la trouée. Il se trouve à 2000 m. de la tête de pont et son front est dirigé du côté de Flanville, en avant de la ferme Belle-Croix.

Le front ouest fut également couronné de deux ouvrages.

L'un, le fort Sᵗ Quentin (360) fut construit à l'angle est de la hauteur du même nom. Il est détaché à 2500 m. du flanc gauche du fort la Moselle et fait face au plateau de Rozérieulles. L'autre, le fort Plappeville, est placé à droite et à 3500 m du fort la Moselle et son front est tourné vers le long plateau de Saulny.

Pour fermer le front nord entre Sᵗ Julien et Plappeville, on avait projeté de construire le fort Sᵗ Eloy (170) dans la plaine de la vallée. Ce fort se trouve à 2000 m. de flanc droit de la tête de pont et son front est tourné du côté de Hauconcourt.

Au front sud et pour couvrir la station du chemin de fer, on décréta la construction du fort Sᵗ Privat (195), détaché à 4000 m. de l'enceinte et le front dirigé vers Augny : un terrain de plaine de 2000 m., s'étendant jusqu'au pied de la colline, précède ce fort. Dans le but d'éviter des malentendus, nous croyons devoir faire remarquer déjà maintenant que ce n'est qu'après 1870 que l'on songea à construire les deux autres ouvrages Manstein et Kameke.

Les sept forts Queuleu, les Bordes, Sᵗ Julien, Sᵗ Eloy, Plappeville, Sᵗ Quentin et Sᵗ Privat représentent un développement de 26 kilomètres. Actuellement, on estime qu'une place de ce rang doit avoir le double, c'est-à-dire 50 à 60 kilomètres. L'étendue de Strasbourg est de 47 kilomètres.

Les forts avaient des intervalles de 3 1/2 kilomètres, en moyenne : c'était un peu trop, mais tous ces forts ne furent pas construits en même temps. Les forts les Bordes, St. Eloy et St. Privat restèrent d'abord à l'état de projet.

On adopta pour les forts Queuleu et St. Julien le tracé bastionné pentagonal et pour les forts St. Quentin et Plappeville, la forme quadrangulaire.

La France avait choisi à cette époque comme types de forts deux systèmes différents :

1. Dans le premier, on donna au fort un tracé quadrangulaire ou pentagonal, suivant son étendue, et, dans la plupart des cas, il y avait encore un bastion à la gorge. La contrescarpe et l'escarpe étaient revêtues par la maçonnerie jusqu'à hauteur du terrain horizontal et bien dérobées aux vues de l'extérieur. Mais le parapet en terre était trèsélevé et dépassait fortement le glacis ; il était visible de très loin et il n'y avait pas moyen de protéger la maçonnerie contre le tir indirect. Les flancs des bastions possédaient des casemates pour le logement de la troupe et les magasins et les courtines, des casemates à décharge. A l'intérieur de ce tracé, on construisit un cavalier qui formait pour ainsi dire un fort intérieur ou un réduit central. Comme tracé, on lui donna la direction des lignes principales de l'enceinte bastionnée et il affecta ainsi la forme d'une lunette. Du côté opposé à l'ennemi, il y avait également des casemates. Comme le cavalier était très élevé en profil, il dominait les parapets qui le précédaient et les bouches à feu dont se composait son armement avaient surtout pour mission d'entamer le combat d'artillerie. Le tracé bastionné de l'enceinte dont l'artillerie était destinée à appuyer celle du cavalier, avait surtout pour but de flanquer le fossé, en cas d'assaut. Il avait donc le même rôle à remplir que les caponnières des forts allemands.

2. Dans le second système, le fort possédait le même tracé bastionné, mais il lui manquait le cavalier intérieur. Pour y suppléer, on construisit des casemates dans les parapets du rempart principal qui fut armé de bouches à feu de gros calibre pour soutenir le combat d'artillerie. Ce rempart jouissait donc des avantages attribués au cavalier dans le premier système. Mais, d'autre part, le fort était entouré d'une enveloppe, deuxième *enceinte basse*, qui avait pour but de mieux couvrir le mur d'escarpe et d'obliger l'ennemi, en cas d'assaut, à s'emparer de deux lignes de parapets, n'importe en quel point il entreprendrait l'attaque.

Le premier système fut appliqué aux forts de Metz, le second, en partie, à Langres.

C'est le premier principe qui est sans doute le meilleur, car l'enceinte bassé qui fait partie du second système, forme pour ainsi dire un nid de projectiles pour tous ceux qui éclatent sur le rempart principal et contre l'escarpe.

Il est vrai de dire que dans le premier système l'enceinte bastionnée constitue une enceinte basse par rapport au cavalier, mais les inconvénients sont moindres, attendu que cette enceinte est beaucoup plus éloignée du cavalier que ne pourrait l'être l'enveloppe de l'enceinte principale.

Disons quelques mots d'un autre genre de fortification, le système allemand, parce qu'il a été appliqué plus tard à Metz pour la construction des forts Manstein, Kameke, St. Eloy et Zastrow.

Le fort se compose d'un rempart principal brisé à angles obtus, sous forme de lunette ; il est pourvu de casemates et de traverses creuses. La gorge est généralement bastionnée, ce qui ne constitue pas un inconvénient, puisque les bouches à feu des flancs ne sont pas placées sur les hauts parapets, mais dans la casemate, et qu'elles ne peuvent pas être contrebattues, parce qu'elles sont placées du côté opposé à l'ennemi. L'intérieur du fort est séparé en deux ou trois parties par une ou deux grandes traverses. Le flanquement des fossés est obtenu par des caponnières placées en tête et aux angles d'épaule ou bien l'on donne à la contrescarpe un tracé bastionné avec des casemates à décharge, ce qui vaut mieux. Enfin le flanquement peut s'obtenir par des caponnières que l'on fait précéder d'un ouvrage avancé, entouré par le fossé principal, et qui est destiné à couvrir la tête de la caponnière.

Les forts en forme de lunettes ont l'avantage sur le système bastionné français d'être mieux à l'abri d'une attaque de vive force, grâce à la manière dont le fossé est défendu. Les anciens ingénieurs ne voulurent jamais en convenir et donnèrent la préférence à la fortification de Vauban ; mais, après 1870, on les vit imiter le système allemand qui relève dans ses principes du général de dragons Montalembert.

Si l'on avait choisi un semblable système et si l'on avait transformé en petits forts indépendants les nombreux bastions et les nombreuses courtines, dans le sens que nous avons indiqué à la page 11, on aurait pu former avec la même dépense une ceinture de 24-32 retranchements. En admettant qu'au fort Queuleu on n'eût laissé que le cavalier et que les cinq bastions des angles eussent été séparés entre eux et répartis sur la terrasse, on aurait obtenu ainsi 6 ouvrages de fortification. Le fort

St Julien en eût fourni le même nombre et s'ils avaient été disposés sur deux lignes, on aurait pu mieux utiliser le terrain et l'effet des projectiles ennemis eût été considérablement amoindri, grâce à l'éparpillement d'un plus grand nombre de buts. Plappeville eût présenté 5 ouvrages dont 2 en première et 3 en seconde ligne. Quant au fort St. Quentin, l'un des quatre bastions eût été utilisé comme ouvrage avancé à l'angle ouest de la montagne (où fut construit plus tard le fort Manstein), deux autres, placés plus en arrière, eussent débordé l'ouvrage précédent à la crête des versants nord et sud et le quatrième eût pu servir de réduit central à l'angle est du mamelon. On aurait dû agir de la même manière pour le front nord, le front sud et pour la zone est, près du ruisseau de Vallières.

Au moment où éclata la guerre, en 1870, la place de Metz *ne possédait que les quatre grands forts* que nous venons de citer et encore n'étaient-ils pas complètement armés. Le gouvernement français fit commencer en toute hâte, au mois de mai, la construction d'un cinquième fort, celui de St. Privat, mais on ne s'occupa d'abord que des terrassements et il n'y avait pas de locaux à l'abri de la bombe.

Les forts les Bordes et St Eloy ne furent construits que pendant la campagne, en style provisoire, et intercalés comme batteries intermédiaires.

Pour remplacer l'ouvrage central du front est, on construisit, bien avant l'ouverture des hostilités, à l'intérieur de la tête de pont Belle-Croix et en arrière de l'aile gauche, un solide cavalier, analogue à celui existant dans les forts. On établit en même temps en dehors de l'ouvrage et dans la direction du ruisseau de Vallières une forte lunette dominée par le cavalier.

Le fort la Moselle reçut dans le flanc droit du bastion une batterie casematée, dirigée vers le nord et destinée à suppléer à l'ouvrage St Eloy.

Rôle de la forteresse de Metz pendant la guerre de 1870-71.

D'après le plan d'opérations de l'empereur, les troupes françaises devaient être concentrées en trois armées: l'aile droite à Strasbourg, l'armée principale autour de Metz et une petite armée de réserve au camp de Châlons. Dès que les troupes furent rassemblées aux points indiqués, Napoléon voulut réunir l'armée de Metz à celle de Strasbourg, dans le but de prendre l'offensive, tandis que l'armée de réserve se rendrait du camp de Châlons à Metz, pour couvrir les derrières de l'armée principale.

La place de Metz était donc encore considérée jusqu'à ce moment comme place offensive et destinée à fournir ses approvisionnements en vivres, munitions et matériel de guerre à l'armée de campagne.

Mais déjà alors l'insuffisance des communications avec l'intérieur du pays se fit sentir ; le chemin de fer de Metz-Verdun-Châlons, c'est-à-dire la communication la plus rapide avec le grand camp militaire de la France, n'était pas encore achevé.

Dès que la mobilisation eut fait constater que les corps d'armée français n'étaient pas prêts pour entreprendre un mouvement offensif, l'empereur revint sur sa décision et résolut de faire couvrir d'abord la place de Strasbourg par une armée dans la Basse Alsace, à Wörth, et de faire protéger la place de Metz par une autre armée à la Saar, près de Calenbronn.

Voici quel était, en effet, le 5 août, l'emplacement des troupes de l'aile droite (Ier V^e et VIIe corps) sous les ordres du maréchal de Mac-Mahon : le Ier corps était à Wörth, sur la Sauer ; le VIIe était à Belfort, en partie embarqué sur la voie ferrée en destination de Wörth ; le Ve corps se trouvait à Bitsche et avait reçu l'ordre de marcher sur Reichshofen.

L'aile gauche, sous les ordres du maréchal Bazaine, était placée de la manière suivante: le IIe corps à Spicheren (au nord de la position de Calenbronn), le IIIe à St. Avold et le IVe à Bouzonville.

En arrière de ces troupes et sous les ordres de l'empereur était concentré à Metz le corps de la Garde, prêt à s'avancer vers St. Avold ; les divisions du VIe corps quittèrent successivement Châlons pour rentrer à Metz.

Le rôle que la place était appelée à jouer d'abord était bien différent de celui qu'elle remplissait en ce moment.

Dans le premier cas, la place de Metz était destinée à fournir un point d'appui à l'armée de campagne, en marche pour prendre l'offensive. Elle était devenue un grand dépôt dont l'armée pouvait retirer tous les approvisionnements dont elle avait besoin. C'était en même temps un point d'arrêt, dans le cas d'une défaite. Il est naturel que la place soit située en arrière de l'armée offensive.

Dès que l'on eut décidé de se tenir sur la défensive et d'attendre l'attaque des Allemands, l'armée devait être retirée *en arrière* des forteresses ; car dans la guerre défensive, le rôle de celles-ci est d'attirer des parties de l'armée ennemie, de couvrir les flancs de leur propre armée, d'affaiblir par conséquent l'assaillant et de renforcer le défenseur.

Metz remplissait ce rôle lorsque les corps de l'armée française se concentraient au sud de la place, en arrière de la Moselle, aux environs de Pont-à-Mousson : la place de Metz couvrait le flanc gauche, celle de Toul, le flanc droit.

Mais on agit en sens inverse ; on se servit de l'armée de campagne pour couvrir deux forteresses, Metz et Strasbourg, contrairement à toutes les règles rationnelles de l'art de la guerre. La faute ne doit pas être imputée à la place, si elle devint une entrave pour l'armée : elle doit être attribuée à ceux qui ne parvinrent pas à en tirer un meilleur parti.

Les événements de la guerre devaient avoir bientôt pour conséquence de faire exercer par la place une influence plus désastreuse encore sur la marche des opérations.

Après les défaites de Wörth et de Spicheren, le maréchal Bazaine réunit les II⁰, III⁰, IV⁰, et VI⁰ corps, ainsi que le corps de la Garde à Metz, où il prit position sous la protection des canons du groupe est des forts.

Les débris de l'armée de Mac-Mahon et le V⁰ corps continuèrent leur retraite par Nancy sur Châlons.

Le maréchal Bazaine aurait dû donner la même direction à son armée.

On avait proposé de laisser en arrière, comme noyau des troupes d'occupation, la division Laveaucoupet qui avait été séparée du II⁰ corps.

Dans l'entretemps, le départ de Bazaine fut retardé. Il ne commença lentement que le 14 août, au matin. Le III⁰ corps français fut attaqué l'après-midi, à Borny, par des fractions de la 1ʳᵉ armée allemande et engagé dans un combat violent auquel prit part aussi le IV⁰ corps, qui s'était mis en marche.

La retraite de Bazaine sur Verdun fut ainsi remise au lendemain, 15 août.

Sur ces entrefaites, la 2⁰ armée Allemande s'était emparée des passages de la Moselle depuis Frouard jusqu'à Corny, avait franchi la rivière et poussait ses opérations vers le nord, dans la direction de la route de Metz à Verdun.

Le 16 août, une bataille fut engagée entre l'armée de Bazaine, qui n'était arrivée encore qu'à Vionville-Gravelotte, et l'aile gauche de la 2ᵉ armée Allemande. Les deux armées conservèrent leurs positions et s'attribuèrent la victoire. Effectivement, au point de vue tactique, les Français avaient plus de raisons que les Allemands de se considérer vainqueurs, ne fût-ce qu'au point de vue de la supériorité numérique. Mais stratégiquement parlant, la victoire appartenait aux Allemands : ils avaient voulu arrêter le mouvement de retraite de l'armée française et ils avaient a'teint ce but ; car, à moins de remporter la victoire dans une nouvelle bataille, l'armée française du Rhin avait sa retraite coupée. Le 17, au matin, le maréchal Bazaine reprit la direction de Metz et fit occuper par son armée le plateau de Rozérieulles et les hauteurs de Montigny — St. Privat et Roncourt.

Cette position lui fut enlevée également, le 18 août, après une bataille sanglante et de longue durée.

Le 19, les Français se retirèrent en arrière des forts détachés du groupe ouest.

A partir de ce moment commença le siège de Metz.

L'armée épuisée par trois batailles, livrées aux environs de la place, est investie ; elle est retenue par une armée qui n'est pas beaucoup plus forte que celle de l'assiégé et obligée par la famine de capituler, sans qu'il y eût un combat d'artillerie d'entamé et sans que l'on eût fait l'attaque régulière des ouvrages. Il est vrai que Bazaine avait entrepris, le 31 août et le 1ᵉʳ septembre, une grande sortie dans la direction du plateau de Ste Barbe, mais il ne réussit pas à percer les lignes ennemies. Il entra finalement en pourparlers avec les Allemands et ceux-ci en profitèrent pour tenir l'armée française enfermée dans la place, jusqu'à l'épuisement complet des vivres. Il fut obligé de se rendre, le 27 octobre ; un corps prussien occupa la ville et le drapeau allemand fut hissé sur les remparts des forts.

Comme forteresse, la place de Metz n'avait procuré à la France aucun avantage ; au contraire, elle n'avait présenté que des inconvénients.

Comme place offensive, elle ne put rien produire, puisque l'offensive n'eut pas de suites. Mais elle exerça néanmoins une influence heureuse à l'époque de la mobilisation et du déploiement de l'armée, en fournissant ses approvisionnements aux IIᵉ, IIIᵉ et IVᵉ corps.

Comme place défensive, elle ne put pas non plus se faire valoir, comme c'était son but, car Bazaine s'y laissa arrêter et finalement enfermer avec son armée de campagne. La place de Metz n'eût pas été en état cependant de résister pendant des mois, à un siége, car la ceinture des forts présentait de grandes lacunes et les travaux qui avaient été commencés, ne permettaient nullement encore de fournir une défense sérieuse.

Toujours est-il que la place eût opposé une vigoureuse résistance et, en supposant même que les forts fussent tombés au pouvoir des Allemands, le noyau de la place, c'est-à-dire l'enceinte et les deux grandes têtes de pont, présentait encore une valeur réelle et beaucoup plus sérieuse que la fortification de Strasbourg.

On n'en arriva pas là, car la présence de grandes masses de troupes permit de fermer par des corps d'armée les intervalles entre les forts et les Allemands avaient la conviction de pouvoir réduire la place par la famine

Le blocus de Metz, les circonstances qui l'amenèrent et la manière dont il fut exécuté sont uniques dans les annales militaires: 170 000 Français furent cernés par 180 000 Allemands et ne parvinrent pas à percer les lignes ennemies ou plutôt n'ont pas essayé sérieusement de le faire. Mais on ne doit pas perdre de vue que les trois batailles autour de Metz avaient produit un effet démoralisant sur l'armée française et que le succès avait agi en sens inverse sur les troupes allemandes.

Il est vrai que depuis lors les investigations des historiens de la guerre nous ont montré ces luttes gigantesques sous un jour un peu moins éclatant pour les Allemands et les conclusions que les contemporains avaient cru pouvoir tirer du résultat final ne sont pas restées les mêmes.

Malgré toute la bravoure déployée par les régiments français à Borny, Vionville, St. Privat, Rozérieulles et Noisseville, l'incapacité des généraux de l'empire, sous le rapport de la conduite des armées, ne permit pas de remporter de grands succès militaires Un profond abattement s'était emparé des soldats et, parmi leurs chefs, il ne s'en trouva pas un seul qui eût pu les électriser, comme le firent plus tard les généraux de la République à l'armée de la Loire.

Si l'on tient compte de ces circonstances, l'on doit reconnaître que l'armée assiégeante pouvait être considérée comme deux fois aussi forte que l'armée assiégée.

Achèvement de la place par les Allemands.

Le premier soin des Allemands fut d'améliorer les ouvrages existants, de compléter les constructions improvisées et d'établir la fermeture de la ceinture des forts.

Le premier travail fut appliqué aux forts St. Quentin, Plappeville, Queuleu et St Julien. Les forts St. Privat, les Bordes et St Eloy furent achevés et transformés. Deux nouveaux ouvrages furent intercalés, l'un à l'angle ouest du fort St. Quentin, l'autre entre Lorry et Woippy.

Comme nous l'avons déjà vu, tous ces ouvrages extérieurs reçurent de nouvelles dénominations. Au lieu du nom des localités à proximité des quelles ils sont situés, on leur donna celui des commandants d'armée et des généraux dont les troupes avaient combattu en ces endroits. Voici, du reste, les anciennes et les nouvelles dénominations :

Fort St. Quentin = Prince Frédéric-Charles ; fort Plappeville = Alvensleben ; fort St. Eloy = Stiehle ; fort Woippy = Kameke ; fort à l'angle ouest du St. Quentin = Manstein ; fort la Moselle = Voigts-Rhetz ; fort St. Privat = Prince Auguste de Wurtemberg ; fort Queuleu = Göben ; fort les Bordes = Zastrow ; fort St. Julien = Manteuffel ; fort Belle-Croix = Steinmetz.

Dans la construction des nouveaux forts les Allemands ont adopté leur forme habituelle, c'est-à-dire la lunette. Aucune idée nouvelle ne fut appliquée pour le moment dans l'exécution de ces travaux.

La construction d'un grand nombre de batteries intermédiaires, auxquelles on donna un caractère aussi permanent que possible, renforça encore davantage la fortification.

Le camp retranché de Metz resta dans cette situation jusqu'en 1885-86, époque à laquelle l'introduction des projectiles-torpilles vint mettre en doute la valeur des anciennes constructions.

Deux moyens pouvaient être employés pour remédier à cet état défectueux :

1. Renforcer l'ancien système, en recouvrant de béton et de granit tous les locaux creux, et placer quelques bouches à feu des forts sur affûts cuirassés ;

2. Passer à un nouveau système qui pût rétablir l'équilibre d'une manière moins matérielle que tactique, en établissant une ceinture de cuirassements.

La fortification de Metz fut renforcée d'après le premier principe, c'est-à-dire d'une manière directe.

Les traverses creuses, les magasins à poudre et à projectiles, les galeries de mines, les caponnières et les casemates à la gorge furent mis à l'épreuve de la bombe, grâce à un solide revêtement en béton et granit. On fit l'acquisition d'affûts cuirassés de gros calibre pour l'armement de chacun des forts et, en outre, les intervalles compris entre ceux-ci furent fermés par de petits ouvrages intermédiaires, points d'appui pour l'infanterie et abris couverts pour l'artillerie. Nous en trouvons aujourd'hui un nombre considérable entre tous les forts.

C'est ainsi que la forteresse est devenue un boulevard puissant, pour autant que les principes de l'ancienne école le permirent. Néanmoins, telle qu'elle est actuellement et malgré tous les avantages qui résultent des travaux exécutés, elle possède un inconvénient très sérieux: l'étendue du camp retranché est trop restreinte.

Un rayon de 4 à 5 kilomètres et un développement de 24 à 30 kilomètres ne suffisent plus en présence des exigences actuelles de l'artillerie.

Quoique la configuration du terrain puisse justifier cette faible étendue, il n'en est pas moins vrai qu'à la guerre, dès qu'un front de si petit rayon vient à être percé, il n'est plus possible de continuer la lutte avec succès.

II.

Les principes du front cuirassé.

Considérations générales au sujet de l'établissement de nouvelles fortifications.

La force de destruction des moyens de combat dépend de la formation des troupes, de leurs mouvements pour l'exécution du combat et de l'emploi des armes pour amener la décision.

Ce principe s'applique à l'assaillant comme au défenseur, à l'armée de campagne comme à la place forte.

Une armée ne peut considérer comme bonne que la manière de combattre à laquelle participent les troupes de toutes armes et, en toute première ligne, les moyens défensifs destinés à fournir des points d'appui aux combattants.

Une place forte ne peut avoir d'autre signification que celle d'une position défensive bien préparée.

Elle est d'autant meilleure, si elle est moins liée, pour l'avenir, à des formes déterminées qui peuvent convenir aujourd'hui, mais qui ne suffiraient plus dans la suite, si l'adversaire faisait un emploi différent des armes ; elle est d'autant plus forte qu'elle permet plus de mobilité et des formations plus variées.

C'est seulement là où les moyens de combat ne présentent pas de modifications dans leurs effets que la tactique n'a pas de motif d'abandonner des principes éprouvés.

Mais ce n'est pas le cas de nos jours ; car, depuis 1865, les armes à feu subissent des transformations continuelles. A peine une réforme a-t-elle été introduite, qu'une autre la suit de près et menace de se substituer à la première.

Mais ce sont les progrès dans le domaine de l'artillerie surtout qui exercent le plus d'influence sur la fortification et il en résulte que l'art de bâtir employé jusque maintenant doit être considéré comme suranné et inefficace.

Parmi les progrès que nous avons spécialement en vue, citons les *bouches à feu rayées, se chargeant par la culasse, les obus-torpilles, la poudre à faible fumée et les bouches à feu à tir rapide.*

Les *bouches à feu rayées, se chargeant par la culasse,* ont augmenté la portée et surtout la justesse de tir dans des proportions considérables. Mais il est incontestable que la précision avec laquelle chaque coup frappe le but est beaucoup plus dangereuse pour celui qui présente à son adversaire des points de mire, facilitant le réglage du tir et l'observation des effets obtenus. En d'autres termes, le fort dont les contours sont bien dessinés et qui est visible au loin, est plus exposé que les batteries de siége qui disparaissent et que l'on aperçoit à peine. La précision des bouches à feu rayées favorisa l'assaillant et fût nuisible à l'assiégé ; on continua néanmoins à construire des forts pour s'opposer au tir de ces bouches à feu à longue portée.

L'introduction des *charges brisantes* et leur emploi pour faire éclater les projectiles produisirent une nouvelle révolution et nous la considérons comme la plus importante dans le domaine de l'artillerie. Le progrès est plus considérable que le passage du canon lisse au canon rayé, car les projectiles-torpilles sont plus dangereux pour celui qui en est atteint que la précision de chaque coup. La force d'éclatement de l'obus a décuplé et l'effet produit se rapproche de celui causé par l'explosion de la dynamite. Cet effet augmente surtout, grâce à l'emploi de projectiles en acier, au lieu de projectiles en fonte, et à la présence d'une fusée dont on peut augmenter la durée de combustion de 1/4 à 1/3 de seconde après que le projectile a touché le but. Il s'ensuit que dans le tir contre des ouvrages en terrassements, l'obus n'éclate que lorsqu'il a pénétré suffisamment dans le parapet. Si l'on applique ce raisonnement aux forts, il est évident que sous l'influence de la force de destruction des obus torpilles de l'adversaire, qui peut compter sur une chance d'atteindre de 100 o/o, puisque le but est très étendu, les parapets des ouvrages auront énormément à souffrir ; au bout d'un temps relativement court, les masses de terre de la contrescarpe et de l'escarpe combleront le fossé et les forts ne seront plus à l'abri d'une attaque de vive force. Le tir des obus torpilles est moins efficace contre les batteries de siége, car celles ci auront été construites en arrière des crêtes qui les protègent, ce qui rendra le réglage et l'observation du tir très difficiles. Ces batteries ne sont pas non plus étroitement groupées, mais éparpillées dans le sens de la largeur, ce qui dissémine l'action de l'artillerie de la défense. Il va sans dire qu'un coup réussi produit le même effet que dans les parapets des forts, mais il est permis de dire que le nombre de ces coups sera plus restreint que celui obtenu par l'assaillant.

La *poudre à faible fumée*, employée pour imprimer le mouvement aux projectiles, décida complètement de la destinée des forts. Ses avantages consistent en ceci, c'est que la fumée ne trahit plus l'emplacement des bouches à feu et qu'elle ne gêne plus la vue du tireur dans la direction du but. Mais quel avantage en résulte-t-il pour là défense, du moment que la crête des parapets et les traverses indiquent suffisamment l'emplacement des bouches à feu? L'importance est inappréciable pour les batteries de siége, puisqu'en l'absence d'un épaulement, elles sont entièrement dérobées à la vue de l'adversaire, grâce à la crête en arrière de laquelle elles sont établies.

Les *bouches à feu à tir rapide* augmentent l'intensité du feu : elles permettent de produire à un moment donné un feu de masse semblable à la grêle. Elles servent principalement à la défense pour repousser une attaque de vive force, mais elles ne profitent pas moins à l'assaillant dans le combat d'artillerie. En effet, si un grand nombre d'obusiers de 12° concentrent le tir rapide à obus-torpilles sur un fort, il n'y a pas possibilité pour la défense de s'y maintenir en dehors des casemates et même dans celles-ci, les explosions qui s'y produisent coup sur coup sont de nature à démoraliser la garnison. D'autre part, les bouches à feu du fort ne peuvent pas contrebattre simultanément à obus-torpilles les nombreuses batteries éparpillées de l'assiégeant.

C'est avec intention que nous venons d'établir une comparaison entre les forts et la batterie d'attaque, parce qu'avant d'exposer les principes qui vont suivre, il est indispensable que l'on sache si le fort peut encore servir à l'avenir comme point d'appui. Nous n'ignorons pas et nous en avons déjà parlé précédemment que chez les Allemands le combat d'artillerie n'est pas exécuté essentiellement par les bouches à feu des forts, mais par celles des batteries intermédiaires où de nombreux abris pour l'artillerie facilitent cette tâche.

Ce qui résulte de ces considérations, c'est qu'à notre point de vue la fortification doit agir de la même manière que l'artillérie de siége. Elle peut le faire actuellement avec d'autant plus de succès, puisque l'invention et l'emploi tactique des affûts cuirassés lui ont fourni en même temps le moyen d'augmenter considérablement le degré de résistance de chacune de ses pièces de combat et de repousser avec un matériel plus restreint une attaque qui aurait été entreprise avec des forces supérieures. Mais avant d'approfondir ce sujet, nous désirons, comme digression, faire connaître les

LOIS FONDAMENTALES DE L'ART DE LA FORTIFICATION
(POUR LE PÉRIODE ACTUELLE)

I. Principes stratégiques.

1. Une *forteresse* a accompli sa *mission*, dès qu'elle est parvenue, avec la garnison qui lui a été assignée pour sa défense, à résister pendant un temps plus au moins long aux forces supérieures de l'assiégeant.

2. *L'emplacement d'une forteresse* doit être tel, qu'il favorise d'une manière égale l'offensive et la défensive dans une zône de terrain déterminée. Dans la guerre défensive, en rase campagne, la place doit pouvoir servir de point d'appui aux opérations de l'armée de campagne, grâce à sa situation aux bords des grands fleuves ou à la gorge des montagnes dont elle défend les passages. En barrant en même temps les principales lignes des chemins de fer et l'intersection des routes, elle permet ainsi d'éviter les batailles jusqu'à ce que par son influence énervante sur les mouvements de l'ennemi, elle soit parvenue à établir l'équilibre des forces en faveur de la défense.

Dans la guerre offensive, la même place doit pouvoir servir de grand dépôt pour les vivres, les munitions et le matériel de guerre à fournir à l'armée de campagne, au fur et à mesure de ses besoins. Grâce à son emplacement aux points stratégiques les plus importants et à la valeur qu'elle acquiert par la présence de ces nombreux magasins, la forteresse exerce une grande force attractive sur l'ennemi et une influence considérable sur la marche des opérations de guerre.

3. Malgré les avantages que présente ainsi une forteresse, le *changement stratégique de position* ne doit pas être exclu, car son but ne serait que partiellement atteint, si elle ne pouvait exercer son action exclusivement

que sur un point spécialement choisi. Cette condition exige l'emploi d'un matériel de forteresse essentiellement transportable, qui pourrait être utilisé, d'un côté, comme train de siège pour s'emparer des forteresses ennemies et qui servirait, d'un autre côté, pour l'organisation de positions fortifiées en pays ennemi.

D'ailleurs, l'importance stratégique d'une place ne reste pas toujours la même. Il peut se faire qu'à la suite de changements survenus dans la situation politique des Etats, tout un front de pays à la défense duquel on aurait consacré auparavant de grandes ressources, se trouve couvert par une armée alliée, tandis que le front opposé réclame des renforts momentanés. C'est alors le cas d'y transporter une partie du matériel de place mobile, afin qu'au début de la guerre on puisse le trouver là où sa présence serait la plus efficace.

II. Principes tactiques

1. Le *développement d'une forteresse* dépend de la configuration du terrain, mais la portée des bouches à feu actuelles exige que la distance de la ligne de défense extérieure au centre d'une place d'étendue moyenne ne soit pas inférieure à 5, ni supérieure à 10 kilomètres, ce qui correspond à un développement de 30 à 60 kilomètres.

2. Le *front de défense* doit recevoir une répartition échelonnée, destinée à servir de charpente à l'artillerie de position, agissant librement. Le développement linéaire de l'enceinte d'autrefois et la tactique de colonnes des forts sont en contradiction avec la manière actuelle de combattre de l'armée. Dans le premier cas, il y a absence de soutien intérieur ; dans le second, on fournit des cibles à l'ennemi.

3. Dans la *répartition échelonnée*, le système de réserve est assuré par les lignes établies en arrière. On arrive ainsi à une séparation systématique de l'artillerie et de l'infanterie dans des ouvrages différents et chacune de ces armes peut se faire valoir sur son véritable terrain, car les bouches à feu, destinées à exécuter le combat d'artillerie, sont établies sur la crête, tandis que l'infanterie qui ne peut entrer en action qu'à l'assaut et que l'on doit réserver pour ce moment, est placée sur les pentes de terrain opposées à l'ennemi.

4. Le *système de réserve* garantit la conservation du front de défense, même dans le cas où l'ennemi se serait emparé de quelques-unes de ses

parties, en préparant à l'avance le remplacement de la première ligne. La position de réserve constitue en quelque sorte le réduit des anciens forts : elle assure sa propre indépendance, grâce à son emplacement en arrière de la première ligne, qu'elle cherche à dérober au feu de l'ennemi et à conserver pour le dernier acte de la défense.

5. L'*indépendance des parties* reste assurée par le groupement judicieux des bouches à feu à tir rapproché et à tir à grandes distances. Elle exige que les ouvrages soient peu distants entre eux, afin de diminuer le nombre de buts qu'ils ont à remplir simultanément. Cette indépendance ne se maintient que si chacune des parties dispose d'un obstacle pour se protéger contre un coup de main. Le groupement des obstacles d'approche doit être établi de manière à ne pas gêner l'action offensive ; ils doivent être doublement flanqués pour pouvoir résister dans chaque cas. Le premier flanquement est obtenu par l'armement de l'ouvrage que l'obstacle protège, le second par celui de la batterie de réserve correspondante.

6. L'*action offensive* à travers le front ne peut-être ni trop limitée, ni trop étendue. Dans les anciennes enceintes des villes, cette disposition était défectueuse, car les sorties devaient s'effectuer par les portes étroites de la place, ssmblables à des défilés. Dans les ceintures actuelles des forts, surtout quand il s'agit de forts cuirassés qui ne possèdent que peu de batteries intermédiaires, cette action offensive peut s'étendre sur une grande base, car il est possible d'exécuter des sorties avec des divisions entières, complètement déployées. Il est vrai que ces intervalles ouverts constituent également un avantage pour l'adversaire, dans le cas où il chercherait à percer les lignes de défense. Des intervalles ayant une largeur de quelques centaines de mètres, mais en nombre considérable, fournissent aux troupes de sortie un degré de mobilité suffisant et le grand nombre des ouvrages isolés permet de les recueillir immédiatement, en cas d'insuccès.

III. Principes techniques.

1. L'*action du feu* de la défense doit pouvoir atteindre son apogée. On combat l'ennemi avec des bouches à feu et des munitions et non avec des ouvrages inertes ; mais la bouche à feu a besoin cependant d'un certain couvert, pour pouvoir conserver toute son action.

Actuellement, l'emploi judicieux des cuirassements permet à l'assiégé, en admettant même qu'il ne dispose que d'un nombre de bouches à feu de beaucoup inférieur, de conserver une supériorité momentanée vis-à-d'un assaillant qui se présenterait devant la place avec une artillerie plus nombreuse, car l'assiégé est le premier sur place et il a pu trouver des couverts pour ses pièces et ses munitions.

En fait de bouches à feu, l'assiégeant doit posséder de l'artillerie de de position et de l'artillerie cuirassée. Celle-ci constitue la charpente dans laquelle s'ajuste le matériel de position, plus mobile. Toutefois les cuirassements doivent posséder aussi un certain degré de mobilité, afin de pouvoir se prêter à un changement de position. La bouche à feu cuirassée est indispensable dans la fortification, puisqu'elle est seule capable de supporter longtemps le feu de l'adversaire et de conserver, par conséquent, sa propre action.

Les cuirassements sont divisés en :

1° *bouches à feu de combat de calibre moyen* (obusiers de 12ᶜ à tir rapide) *pour entamer le combat d'artillerie ;*

2° *bouches à feu d'assaut de petit calibre* (canons de 6ᶜ à tir rapide) *pour repousser les attaques de vive force ;*

3° *artillerie de position de gros calibre* (généralement obusiers de 15ᶜ) *pour exécuter le combat d'artillerie* qui sera à l'avenir le genre d'attaque principal. A certains moments, les bouches à feu d'assaut de petit calibre ont pour mission de participer à cette lutte d'artillerie afin d'augmenter l'intensité du feu de l'assiégé et d'affaiblir celle du tir de l'adversaire.

Le tir plongeant a acquis une importance considérable par l'introduction des obus-torpilles. Les angles de chute des projectiles sont plus grands et rendent tout couvert vertical illusoire.

La force d'éclatement de la charge brisante imprime aux éclats des obus en acier une vitesse bien supérieure à la vitesse restante du projectile.

A cause de la courbure de la trajectoire, la *justesse du tir plongeant* est plus grande que celle du tir tendu, précisément aux distances décisives et quand il s'agit de buts horizontaux ; la dispersion en profondeur est plus faible.

La *portée* des obusiers rayés se rapproche à tel point de celle des canons rayés, que l'on ne tient plus compte de cette infériorité, quand il s'agit d'un but de guerre.

La *mobilité* d'une bouche à feu à tir plongeant est plus grande que celle d'une bouche à feu à trajectoire tendue, ayant le même calibre. La longueur de celle-ci est au moins de 24 calibres, tandis que celle des obusiers rayés n'est que de 13 calibres ; le poids de la bouche à feu et celui de l'affût sont donc diminués et il en résulte qu'un obusier de 12ᶜ, complètement équipé, ne possède que les 2/3 du poids du canon de même calibre.

A *poids égal*, l'obusier permet l'emploi de projectiles plus grands, donc de charges d'éclatement plus fortes: son action sur l'adversaire est renforcée, quoique la pièce conserve le même degré de mobilité.

A la place d'un canon de 9ᶜ nous pouvons employer un obusier de 12ᶜ, et à un canon de ce dernier calibre nous pouvons substituer un obusier de 15ᶜ ; mais, dans le même magasin nous ne pouvons loger que la moitié des munitions.

L'obusier peut tirer au-dessus des couverts, il peut profiter de quelque ondulation naturelle du terrain et se dérober aux vues de l'ennemi, sans perdre de son efficacité, car l'observation des coups par le commandant peut se faire à quelque distance de la pièce aussi bien que s'il était placé dans la batterie et, au moment critique, on peut compter beaucoup plus sur le pointage indirect que sur le pointage direct, exécuté par des canonniers surexcités. Enfin, les servants dont la vue est limitée ne connaissent rien de ce qui se passe devant eux et conservent, par conséquent, beaucoup plus de calme.

Il résulte de ce qui précède que les batteries à tir plongeant sont difficiles à découvrir et à atteindre, qu'elles éprouvent moins de pertes que les batteries visibles, armées de canons, et que sous l'influence de ces conditions avantageuses, elles produisent beaucoup plus d'effet avec un nombre de projectiles plus restreint.

En employant des charges de poids différents, les obusiers peuvent remplir le même rôle que les canons et les mortiers, ce qui a eu pour résultat de leur assurer récemment une place marquante dans l'armement des forteresses.

Malgré ces avantages des obusiers, nous ne pouvons cependant pas, dans l'artillerie de position, nous passer des canons de gros calibre, dès qu'il s'agit d'exécuter le tir contre des camps, des cantonnements, des dépôts, etc. ou contre des batteries qui ont entamé la lutte contre les positions cuirassées. Leur nombre varie du 1/4 au 1/3 du nombre total des bouches à feu agissant à découvert.

Si l'on admet donc que l'artillerie, à l'exception des bouches à feu d'assaut, est destinée à l'action éloignée, alors le feu de l'infanterie n'est utilisé exclusivement dans les fortifications que pour agir aux distances rapprochées. Il est possible dans le choix et la construction des points d'appui pour l'infanterie de tenir compte de cette considération et de les dérober aux vues de l'ennemi ; en d'autres termes, de mettre la garnisons de ces points à l'abri de pertes prématurées et de réserver son action pour le moment de l'assaut.

Un autre genre de défense est fourni par les *systèmes de mines*, qui ont joué autrefois un grand rôle dans la guerre. Nous avons traité cette partie de la guerre de forteresse d'une manière approfondie dans notre brochure « *attaque et défense des fortifications cuirassées modernes* » et nous avons entièrement tenu compte des résultats obtenus récemment avec l'électromineur. Voici ce que nous disions à la page 154: « la guerre de mines n'a pas un grand effet contre les batteries qui peuvent changer de position ; elle n'en a pas davantage contre des buts stables (les dépôts), parce que ceux-ci sont trop distants et qu'ils peuvent finalement aussi s'éloigner du danger ».

C'est pour ce motif que nous ne pouvons plus considérer l'emploi des mines comme un procédé de guerre spécial, tel qu'il était utilisé dans le siège régulier, pour détruire les travaux de sape. Actuellement, en présence de l'attaque raccourcie par l'artillerie, cet emploi a cessé et les mines ne constituent plus qu'un moyen secondaire pour faire sauter des objets isolés, mais rien de plus.

2. Les *couverts* ont pour but d'affaiblir l'effet du tir de l'ennemi sur nos troupes et notre matériel de guerre, de conserver nos forces intactes jusqu'au moment décisif et d'augmenter ainsi notre propre action sur l'adversaire.

Les projectiles-torpilles exercent une grande influence sur la nature des couverts : ils détruisent tout ce qu'ils atteignent.

Quoique dans le combat contre l'artillerie de position et à cause de leur dispersion dans tous les sens, il n'y ait que peu de projectiles qui soient capables de tuer le personnel de toute une batterie, il n'en est pas moins vrai que l'ébranlement produit par une masse d'obus, lancés à tir rapide, peut provoquer la mise hors de combat d'un ouvrage, quelque solide qu'il puisse être.

C'est pourquoi si, d'un côté, nous avons besoin d'un couvert pour atténuer l'effet produit par les éclats et les projectiles pleins, d'un autre côté, il ne sert de rien de vouloir augmenter la protection qu'il fournit au point que la force destructive des charges brisantes n'ait plus d'influence sur le matériel.

Nous n'avons besoin du couvert que pour protéger les servants qui sont aux pièces et la troupe qui est au repos. Nous le réalisons au moyen de constructions artificielles qui font voler les projectiles en éclats et qui les font ricocher, et à l'aide des défenses naturelles que présente le terrain, pour dérober les troupes aux vues de l'ennemi. Le dernier moyen produit le meilleur effet et il appartient à la fortification d'en tirer le parti le plus avantageux.

Nous protégeons les artilleurs qui sont aux pièces dans les lignes avancées par des cuirassements d'épaisseur moyenne, les troupes qui sont au repos par des abris couverts et l'artillerie de position, pour autant qu'elle se compose de bouches à feu à tir plongeant, en la plaçant en arrière des crêtes.

Ces crêtes se rencontrent sur n'importe quel terrain : elles sont tantôt rapprochées, tantôt éloignées et de leur plus ou moins grande élévation dépend le parti que l'on en peut tirer.

Dans la catégorie des couverts, on doit ranger aussi les communications, mais nous ne les utilisons qu'à l'intérieur des ouvrages, sous la forme de fossés de défense. D'ailleurs, il ne nous est jamais venu à l'idée de relier les ouvrages entre eux par des tranchées, car les communications couvertes ne peuvent servir que jusqu'au moment où l'ennemi a ouvert le feu. Les nombreux projectiles qui tombent dans le voisinage des batteries, labourent le terrain, bouleversent le fossé et détruisent en partie les poternes dont l'utilisation devient de plus en plus difficile. Il est donc préférable que l'assiégé agisse de la même manière que l'assiégeant, c'est-à-dire qu'il traverse le terrain découvert, tel qu'il se présente.

Des couverts de grande épaisseur fournissent à l'ouvrage qu'ils sont appelés à protéger, une certaine solidité (*forts cuirassés*) ; on en a conclu souvent d'une manière erronée que ces couverts possédaient un degré de résistance extraordinaire en vue du combat, tandis que la forme rigide de l'ouvrage ainsi constitué le fait servir d'enclume sur laquellé l'ennemi essaie le degré de force destructive de ses projectiles.

Les couverts d'épaisseur moyenne présentent pour la défense cet avantage, c'est qu'avec la même dépense elle peut en construire un plus grand nombre et leur donner une certaine mobilité (*fronts cuirassés*) pour se dérober au feu de l'ennemi et pour entamer le combat en un autre point, dès que la nécessité s'en fait sentir.

Il résulte des expériences qui ont été faites avec les projectiles-torpilles que ce sont les couverts d'épaisseur moyenne et capables de se mouvoir, qui l'emportent sur les couverts solides, étroitement liés à leur emplacement.

Au point de vue de la solidité, la stabilité du fort cuirassé a son importance, mais la mobilité est préférable.

3. Les *obstacles* ont pour but de contrarier l'approche de l'ennemi vers la position de défense, de retarder la marche de l'adversaire et de permettre à des troupes surprises de se préparer au combat.

Il faut que les obstacles puissent prêter une longue résistance au feu de l'artillerie ennemie et qu'ils puissent être remplacés facilement, en cas de destruction. D'un côté, ils ne peuvent pas gêner la vue à nos positions pour l'artillerie et l'infanterie et, d'un autre côté, il ne faut pas que leur emplacement fasse découvrir celui de nos ouvrages. Comme ils ne sont jamais absolument infranchissables, il faut qu'ils puissent être flanqués suffisamment par les lignes de défense situées en arrière, d'autant plus qu'ils sont uniquement destinés à arrêter l'ennemi et à l'exposer pendant un temps plus ou moins long au feu de la défense, exécuté aux portées les plus efficaces.

Parmi les constructions artificielles, ce sont les réseaux en fil de fer, composés de rouleaux de fortes spirales et établis sur une grande largeur, mais sur une faible profondeur, qui répondent le mieux à ces conditions. Ce n'est que lorsqu'on peut utiliser, comme obstacles, un terrain marécageux, une inondation ou une dépression de terrain large et profonde que la valeur est la même.

Néanmoins, les réseaux en fil de fer doivent être préférés aux fossés artificiels; à cause de la force destructive considérable des obus-torpilles de 21 et de 15ᶜ, le revêtement des talus et surtout celui de l'escarpe par de la maçonnerie devient impossible, car il serait démoli en peu de temps. Le revêtement de la contrescarpe serait écrêté et, si ce n'était pas le cas, l'expérience a démontré que cet obstacle peut être franchi rapidement, grâce à l'emploi du matériel d'assaut.

Les spirales, placées par couches superposées et recroisées, constituent un réseau de 20 à 30 mètres de largeur sur 1/2 à 1 mètre de profondeur, qui est infranchissable. L'adversaire devrait se servir de ponts pour le traverser, mais cette opération est très-difficile à cause de l'oscillation des réseaux et des entonnoirs produits par les projectiles ennemis. Les réseaux sont ancrés par des cables ; dès qu'une lacune s'y produit, on doit la fermer, en y lançant de nouveaux rouleaux de fil de fer. Il n'en serait pas de même d'un ouvrage dont la maçonnerie aurait été endommagée par le tir : les réparations ne pourraient se faire qu'après le siège.

Il n'existe pas de matériel pour obstacles qui puisse résister d'une manière absolue au tir à projectiles brisants. Ce tir exercera donc aussi de grands ravages dans les réseaux en fil de fer, mais ils ont l'avantage de pouvoir être réparés avec facilité et d'une manière solide et les entonnoirs produits par les projectiles permettront encore moins de franchir cet obstacle ou d'y jeter un pont, comme c'est le cas pour le fossé garni normalement de fils de fer.

Un obstacle est suffisamment à l'abri d'une attaque de vive force, dès qu'il est flanqué avec soin ; sans cela, il ne posséderait que la moitié de sa valeur.

Application des lois fondamentales.

L'application de ces lois a amené la construction du front cuirassé dont la répartition échelonnée des éléments, le système de réserve et l'indépendance des parties répond au mode de combat actuel, tandis que la disposition des forts, qui correspond à la tactique des colonnes et à la tactique linéaire pure de la ligne des batteries intermédiaires, est en opposition avec ce procédé. Ces deux tactiques sont deux principes défectueux auxquels il manque le soutien intérieur, l'efficacité d'action et la liberté du mouvement. Comme nous l'avons déjà indiqué, l'art de la fortification doit chercher actuellement à retrouver les avantages que présentait la ceinture étroite des forts, au temps des canons lisses, mais en tenant compte des modifications survenues.

A cette période appartiennent le fort et le rempart qui assuraient à la bouche à feu un emplacement dominant.

Autrefois, la visibilité du rempart et la formation en colonnes de l'ouvrage ne présentaient pas d'inconvénients, car la justesse du tir et l'efficacité de l'artillerie étaient si faibles que ces buts visibles au loin ne pouvaient pas être atteints et, s'ils l'étaient, les dégâts n'étaient pas importants.

Le haut relief du rempart avait l'avantage de permettre au défenseur d'avoir des vues étendues sur le terrain extérieur et la réunion des forces d'un secteur dans un ouvrage fermé permettait au commandant de conserver celles-ci jusqu'au moment décisif.

Le front de défense possédait une répartition échelonnée.

La ligne de combat antérieure était constituée par des forts espacés de 500 à 1000 mètres et construits la plupart du temps sous forme de lunettes fermées. Ces ouvrages détachés avec les caponnières du fossé occupaient une position de flanc permettant de tenir sous le feu les lignes de feu situées en arrière.

Les faces étaient appropriées pour recevoir de l'artillerie et souvent deux parapets étaient placés l'un derrière l'autre. Le rempart bas extérieur servait d'emplacement pour canons de petit calibre, tirant à barbette (ou pour l'infanterie). Le rempart postérieur pouvait être armé d'obusiers et recevoir une banquette pour l'infanterie.

Pour empêcher la lunette d'être tournée, les faces du front étaient fermées à droite et à gauche par deux flancs, destinés à dominer les intervalles.

En arrière, à la gorge, était situé un réduit pourvu de nombreuses casemates de défense : il assurait l'indépendance de l'ouvrage. La réserve de la garnison y était logée dans des locaux à l'épreuve de la bombe. Les soldats mangeaient et dormaient à proximité des créneaux et se trouvaient constamment prêts à prendre les armes.

A une distance de 500 à 1000 m. en arrière de ces ouvrages était situé le rempart principal fermé. Il formait une position de réserve d'où un fort, tombé au pouvoir de l'ennemi, pouvait être bombardé et repris.

La faible distance qui séparait le rempart principal de la ceinture des ouvrages extérieurs permettait leur appui réciproque et obligeait l'assiégeant à attaquer simultanément plusieurs de ces ouvrages, s'il voulait s'emparer de la place. [1])

Ce système, qui était excellent autrefois, perdit de sa valeur, à cause de la précision du tir des bouches à feu rayées, se chargeant par la culasse; le rempart visible, qui n'était pas un inconvénient auparavant, devint une cible dangereuse, le réduit à l'épreuve de la bombe un réceptacle pour les projectiles et toute la disposition des ouvrages en colonnes se transforma en un vaste tombeau pour la garnison.

A première vue, l'emploi de matériaux de construction durs et tenaces, dans le but de briser la force destructive du projectile, pouvait suffire pour rétablir l'équilibre et la plupart des ingénieurs suivirent cette voie.

Mais on reconnut bientôt que le procédé était défectueux. Les ouvrages de la forteresse avaient été construits avec des matériaux sans doute plus solides que ceux des batteries d'attaque fraîchement élevées pendant la nuit, mais la faiblesse des ouvrages résidait ailleurs que dans des facteurs matériels et ne pouvait pas être corrigée par des moyens techniques. La cause de l'infériorité provenait de la visibilité et de la grandeur des ouvrages de la place comparativement aux faibles dimensions des épaulements des batteries de siège, à peine perceptibles. Les bouches à feu des forts occupaient un emplacement trop restreint et se trouvaient trop massées, tandis que les batteries de siège étaient réparties sur de grands espaces. Les défauts de la fortification résidaient, par conséquent, dans le développement des ouvrages et ne pouvaient être corrigés que par la tactique.

On résolut donc d'employer l'artillerie de la défense dans les intervalles des forts, tout-à-fait comme celle de l'assiégeant, et de considérer le fort uniquement comme point d'appui.

Mais la situation était cependant bien différente ! Il est évident que l'essentiel était de se dérober aux vues de l'ennemi, et que voyons-nous : aux ailes de la ligne de défense sont placés deux forts, visibles au loin (espèces de repères pour l'artillerie de siège), qui permettent de reconnaître approximativement l'emplacement des batteries intermédiaires,

---

1) Voir la brochure : « Attaque et défense des fortifications cuirassées modernes », annexe et planche VI.

tandis que les lignes de l'assaillant ne présentent aucune de ces indications dangereuses.

Ajoutons à cela que, se basant sur les préparatifs de l'assiégeant, la défense n'employa pas toujours son matériel d'artillerie mobile à l'endroit voulu et que ce matériel arriva souvent trop tard, chaque fois que l'assaillant dirigeait soudain son attaque principale vers un autre front de la place. Ces inconvénients deviennent d'autant plus sérieux que les forts sont séparés par de plus grands intervalles et que leur distance de l'enceinte est plus considérable. Les ingénieurs commencèrent à comprendre que les ouvrages de la ceinture large des forts ne pourraient pas résister à une attaque et que les lignes entre les forts devaient être fermées par des moyens autres que les simples batteries intermédiaires. Ces considérations donnèrent naissance à la construction d'abris pour l'artillerie et l'infanterie. Quoiqu'ils ne puissent pas être employés comme ouvrages directs de défense, ils fournissent cependant à ces deux armes des points d'appui solides.

On chercha de nouveau à entrer dans une autre voie par la construction du fort cuirassé, ouvrage de résistance que l'on renforça par de nombreux moyens techniques.

Mais les projectiles torpilles l'ont également réduit à l'impuissance et exigent impérieusement que l'on abandonne enfin les buts de colonnes et de masses.

A quoi sert la solidité du béton, du granit et des lourds cuirassements, lorsqu'il n'est pas possible à la garnison *d'assurer le service des bouches à feu qui arment ces ouvrages visibles, à cause de l'influence produite par la pression de l'air, les gaz empoisonnés, l'ébranlement, l'étourdissement ?*

Il n'y a qu'un moyen de remédier à cette situation : la séparation du matériel de combat et des abris, leur répartition en largeur et en profondeur et l'utilisation du terrain tel qu'il se présente naturellement, pour se dérober aux vues de l'ennemi.

Chercher à ne pas être vu et voir quand même, telle est l'idée fondamentale qui doit guider l'ingénieur dès maintenant dans la construction des ouvrages de fortification.

Nous comprenons difficilement qu'il existe encore un grand nombre d'ingénieurs qui ne veulent pas reconnaître ce principe, mais leurs rangs s'éclaircissent d'année en année. Les résultats obtenus avec les projectiles-torpilles sont si écrasants qu'il n'est plus possible de fermer les yeux plus longtemps et de s'attacher à un principe qui a cessé de répondre à la manière de combattre de l'armée.

L'art de la fortification ne peut pas suivre son propre chemin. Si l'armée de campagne a dû renoncer à la formation en colonnes devant le feu de l'ennemi, parce qu'elle présentait ainsi un but trop vulnérable aux projectiles de l'adversaire, pourquoi la fortification n'agirait-elle pas dans le même sens? N'est-ce pas la même artillerie qui cherche avec la même précision à détruire ses ouvrages? Ou bien y aurait-il un avantage pour nous combattants, de parer simplement les coups sans répondre avec la même violence à l'assaillant, pour en être réduits finalement à devoir renoncer au combat? Nous ne le croyons pas.

Si, dans une prochaine guerre, l'assiégeant d'une ceinture de forts cuirassés procède d'une manière rationnelle, c'est-à-dire s'il ouvre le premier le combat d'artillerie, s'il dirige contre chaque série de 2 ou 3 forts cuirassés le feu de 100 bouches de feu à tir plongeant, placées derrière les crêtes du terrain, s'il emploie le même nombre de pièces pour battre les intervalles et s'il donne à chaque bouche à feu un approvisionnement d'au moins 100 coups et s'il lance à tir rapide contre les forts et les batteries intermédiaires une grêle de projectiles, il est incontestable que les forts cuirassés seront mis hors de combat après 12 heures, à la grande stupéfaction de l'assiégé, qui croyait avoir trouvé en eux un solide boulevard, capable de prêter une longue résistance.

Nous n'avons pas tenu compte de la puissance du feu des forts, mais elle est également très-faible. Il ne viendra à l'idée de personne de vouloir soutenir que 6 bouches à feu des forts réussiront à éteindre le feu de 100 obusiers bien couverts.

Les obusiers sont dérobés à la vue, l'emplacement des canons des forts est nettement indiqué.

En admettant que, grâce à la connaissance du terrain, l'artillerie de la défense parvienne à détruire successivement la moitié des obusiers (ce qui serait considérable), elle aura eu à décompter dans l'entretemps avec l'autre moitié.

Rien ne s'oppose plus maintenant au passage des colonnes d'assaut et avant que la défense ait remplacé la garnison des forts par de nouvelles troupes tirées de la réserve, l'assiégeant cesse le combat d'artillerie et passe à l'attaque de vive force, pour pouvoir profiter de l'effet produit par le feu de masse des batteries de siège.

Il est vrai que le feu des batteries à tir plongeant de l'attaque n'est pas parvenu à faire brêche dans les rochers de granit et de béton, ni à percer les épaisses calottes cuirassées : tout cela est encore passablement intact, mais ce que nous tenons à constater, c'est que la garnison des forts a fait défaut.

Le service des cuirassements a cessé. Les canonniers sont couchés sur le carreau, à la suite de l'ébranlement produit par les éclatements continuels des obus et à cause de la pression de l'air, causée par les charges explosives: ils sont étourdis, paralysés et en grande partie tués. Le reste s'est sauvé dans les casemates, mais ici non plus il n'y a pas de repos. Les explosions successives font trembler l'ouvrage, empêchent le défenseur de s'opposer à ce feu redoutable et le tiennent emprisonné dans ces gigantesques réceptacles à projectiles, les casemates de gorge.

Que sont devenus actuellement l'avantage de la conduite du feu que l'on attribue aux ouvrages fermés et l'influence personnelle du commandant que l'on avait cru garantir ? Ils n'existent plus et c'est seulement pendant les manœuvres du temps de paix que l'on peut en tenir compte. *Si les forts ont pu se relever sous la forme d'ouvrages cuirassés, c'est uniquement à cause d'une appréciation insuffisante du tir à obus-torpilles.*

Il est bien entendu que tout ce que nous venons de dire s'applique au terrain de plaine et aux pays ondulés et non pas aux hautes montagnes des Alpes, où l'attaque rencontre de grandes difficultés.

Si ces cuirassements (Bucharest, Namur, etc.) n'avaient pas été visibles, ni groupés sur un espace trop restreint, ils auraient pu résister au feu. La plupart des projectiles ennemis eussent été perdus: ils labouraient le terrain, bouleversaient les terres et rien de plus. Au lieu de 6 affûts cuirassés, qui devaient suffire pour une étendue de 4 kilomètres, nous aurions pu, avec la dépense qui a été faite pour le béton et le granit, en employer 30. Dans ces conditions, *nous* aurions été en mesure d'écraser l'assaillant, de repousser l'artillerie de siége et de la refouler dans les lignes d'investissement.

Notre conduite du feu serait, comme celle de l'assiégeant, beaucoup plus difficile, déjà en temps de paix, et l'influence du commandant beaucoup plus faible, mais elles resteraient assurées pour le combat et l'effet qui en résulterait serait le même que celui qui est produit en rase campagne par une chaîne de tirailleurs. Celle-ci l'emporte sur la colonne de bataillon, puisqu'elle a moins à souffrir du feu de l'ennemi et qu'elle conserve, par conséquent, toute son action.

Le front cuirassé établi comme système de défense indépendant.

La fig. 1 en représente l'image schématique, la carte en relief de Metz en indique l'application au terrain.

Le meilleur moyen pour atténuer l'effet des projectiles ennemis serait de séparer complètement tous les ouvrages, les cuirassements, les bouches à feu de position et les abris; mais nous devons y renoncer, à cause du trop grand nombre de cadres qu'exigerait le commandement d'une ceinture ainsi décomposée jusque dans ses plus petits éléments. Il faut donc un certain groupement de ces parties, ce qui est d'ailleurs permis jusqu'à un certain point, pourvu que dans chaque ouvrage les moyens de combat puissent entrer en action isolément.

Comme nous l'avons fait jusqu'ici, nous choisissons comme charpente pour l'artillerie l'obusier cuirassé démontable et à tir rapide de 12ᶜ et le canon cuirassé de 5ᶜ, 7, également à tir rapide. Ces affûts cuirassés sont transportables et permettent le changement de position et le groupement des batteries, n'importe de quelle manière : c'est précisément ce que nous désirons. Si les constructions sont préparées à l'avance, on peut aussi modifier les emplacements, dans le but de tromper l'ennemi.

Nous avons parlé précédemment des calibres de 5ᶜ, 3 ou de 5ᶜ, 7 et nous donnions la préférence à ce dernier ; toutefois, là où nous avons déjà le calibre de 5ᶜ, 3 sous la main, nous nous en contentons absolument. Il est à remarquer, du reste, que les cuirassements pour les deux canons sont les mêmes.

Les abris de la fortification improvisée ou les casemates de la fortification permanente doivent être séparés autant que possible et exister en grand nombre. Ils ne peuvent jamais être réunis pour former une caserne de compagnie ou de bataillon. Pour faciliter les entrées et les sorties, en cas d'encombrement, il est nécessaire d'augmenter le nombre des portes et de les ménager plutôt dans le sens de la largeur que dans celui de la profondeur.

Sur les planches qui accompagnent cette étude, la projection hori-zontale représente partout des casemates pour constructions permanen-tes, mais les profils sont indiqués aussi pour celles de la fortification de campagne. Nous n'avons pas donné pour celles-ci la projection horizon-tale, parce qu'elle n'existe pas d'une manière absolue.

Dans nos brochures précédentes, nous étions encore plus radical en ce qui concerne la séparation des cuirassements et des abris et l'infante-rie devait occuper exclusivement la tranchée-abri et les logements étaient plus ou moins éloignés.

Nous pouvions agir ainsi, puisque le nombre des bouches à feu em-ployées étaient alors le double de celui de ce projet, dans lequel la fer-meture des intervalles de batterie est assurée par l'infanterie à laquelle on donne un point d'appui convenable.

Examinons maintenant les différentes parties du front cuirassé.

Les batteries centrales cuirassées 2, 4, 6, 8, etc. constituent des grou-pes-noyaux et nous cherchons à leur donner le meilleur emplacement possible pour le terrain.

Tout le reste vient s'articuler à ces batteries.

Ces positions cuirassées sont établies normalement à des distances de 1500ᵐ (à Metz, les distances varient entre 1500 et 2000ᵐ). Elles reçoi-vent 3 canons cuirassés mobiles comme armement d'assaut et 2 obu-siers cuirassés comme bouches à feu de combat. Les abris, au nombre de 5, sont destinés pour le commandant et pour la garnison, forte de 18 hommes. Ils sont suffisamment spacieux pour recevoir le personnel du 2ᵉ tour de service, qui s'y rend tous les matins, avant le lever du soleil, et qui y séjourne pendant une heure avec le personnel qu'il est appelé à relever. Toute la batterie est entourée d'un large réseau en fil de fer.

Les positions pour l'infanterie sont situées un peu plus en arrière, pour fermer l'intervalle : leur garnison se compose d'une compagnie de 250 hommes. S'il se présentait, sur le terrain, que les batteries cen-trales avec les canons mobiles fussent établies sur la crête, les ouvrages pour l'infanterie seraient placés en arrière, pour être mieux dérobés au feu de l'artillerie. Ils sont fractionnés par échelons en trois parties, tout-à-fait comme une compagnie en campagne qui ignore de quel côté se fera l'attaque.

En avant de ce noyau sont établies un grand nombre de batteries d'enfilade, parce qu'il est rare que de la position principale on puisse tout embrasser du même coup d'œil. Elles achèvent de fermer les intervalles et sont armées de 2 cuirassements mobiles. C'est à partir de ces emplacements que les patrouilles d'infanterie assurent le service de sûreté. Les batteries d'enfilade constituent ainsi en même temps les grand' gardes du front cuirassé.

Une batterie cuirassée de réserve (p. e. 6 R) est attachée à chaque position cuirassée, en arrière du groupe-noyau : elle sert de position de retraite. Elle participe au combat d'artillerie et, au moment de l'assaut, dirige le feu sur le groupe cuirassé qui la précède, dans le cas où l'ennemi cherche à y pénétrer. Son armement consiste en un obusier de 12ᶜ et 2 canons de 5ᶜ, 7.

L'artillerie de position vient s'intercaler dans cet ensemble, nous ne l'avons pas indiquée sur la carte pour qu'il n'y ait pas de confusion. Elle est placée de préférence à hauteur des batteries de réserve, mais il arrive souvent que les circonstances exigent qu'elle se porte à hauteur du groupe-noyau. Ce n'est qu'exceptionnellement qu'elle est établie à proximité des batteries d'enfilade. Pour chaque position cuirassée nous comptons sur 8 bouches à feu de position environ.

Nous ne pouvons traiter la question de la proportion des calibres et du genre de tir que lorsqu'il s'agira des grandes zônes de la fortification ; nous ne parlons donc que succinctement des bouches à feu de gros calibre et nous renvoyons pour les détails au chapitre III.

La réserve d'infanterie de la zône est logée encore plus en arrière, en partie dans les localités habitées et, en partie, dans des abris couverts.

En cas d'assaut, c'est-à-dire d'alarme, elle se porte en avant à hauteur des batteries cuirassées de réserve où elle se construit une tranchée-abri. C'est de là que le commandant la conduit dans une des positions d'infanterie, s'il en est encore temps.

Admettons pour un moment que d'après le système du colonel russe Welitschkow l'intervalle moyen des forts soit de 3 kilomètres (dans la plupart des cas, cet intervalle est de 4, 5 et même 6 kilomètres et rarement en dessous de 3), nous obtenons alors dans ce front cuirassé à la place d'un seul fort ;

2 bat^{ies} centr. avec 4 obusiers de combat de 12^c et 6 canons d'assaut de 5^c,7 ;
2 » d'enfilade avec   4   »   »   »
2 » de réserve avec 2 obus^{iers} de combat de 12^c et 4   »   »   »
4 » de position avec 16 bouches à feu de gros calibre.

Total : 22 bouches à feu de combat et 14 canons d'assaut.

Ajoutez à cela 2 positions pour l'infanterie occupées chacune par une compagnie, puis 2 compagnies de réserve, donc 1 bataillon d'infanterie.

Les troupes d'occupation de ce front de combat de 3 kilomètres sont réparties en :

1. artillerie cuirassée pour 20 affûts . . . . 210 hommes
2. artillerie de position pour 16 bouches à feu de gros calibre   300   »
3. infanterie (garnison des ouvrages et réserve de la zône) 1000   »
4. état-major et services auxiliaires   290   »

Total : 1800 hommes

A peu près un tiers de ce personnel est en action ; les deux autres tiers formés du 2e et du 3e tour de service de l'artillerie, de la réserve d'infanterie et des armes auxiliaires sont logés à l'intérieur du front.

Les 600 à 700 hommes exposés au feu ne sont pas entassés dans un seul ouvrage fermé, mais répartis sur 12 positions.

Nous verrons que ces positions présentent une répartition plus grande à cause des distances considérables comprises entre les affûts cuirassés et les lignes de feu de l'infanterie, comparativement à ce qui existe pour le fort.

Comme les cuirassements se trouvent à peu près à 100^m l'un de l'autre, ils forment ainsi 20 buts distincts, les ouvrages d'infanterie en forment 3 et si l'on y ajoute les 4 batteries de position, on obtient 30 buts toujours réunis en 12 groupes.

Ce front cuirassé répond aux principes fondamentaux qui ont été exposés. On a adopté pour la place un rayon de 7 1/2 kilomètres : le développement est donc de 45 kilomètres. C'est une moyenne pour l'étendue exigée. En appliquant le front cuirassé au terrain de Metz, on arrive à un développement de 55 à 60 kilomètres.

La répartition du front est obtenue par 3 lignes et le système de réserve représenté par l'adjonction d'une batterie de repli aux positions principales.

L'indépendance des parties réside dans la séparation systématique de l'artillerie et de l'infanterie, des cuirassements et de l'artillerie de position.

L'action offensive est favorisée d'une manière judicieuse ; elle n'est ni trop limitée, ni trop étendue. Les intervalles sont de 400ᵐ, en moyenne, et permettent en même temps un libre passage ; mais ils sont assez resserrés pour pouvoir empêcher l'ennemi de pénétrer dans le front, dans le cas où la sortie n'aurait pas de succès.

L'action du feu est très grande, grâce à la répartition des batteries sur de grandes surfaces et elle peut s'étendre dans toutes les directions du terrain. Elle est renforcée par de nombreuses bouches à feu cuirassées à tir rapide.

Les couverts sont, en partie, naturels pour les batteries à tir plongeant et les abris, en partie, artificiels, grâce à l'emploi d'affûts cuirassés. Les obstacles consistent en réseaux en fil de fer, bien flanqués.

Comparons maintenant le front cuirassé à la ceinture étroite des forts.

Les batteries d'enfilade que l'on rencontre en avant de la position (p. e. 4 F. 6 F.) remplacent en quelque sorte les caponnières pour le flanquement du fossé.

Dans le front cuirassé, elles sont destinées à flanquer le terrain extérieur en avant du front et à constituer les points d'appui pour les patrouilles d'infanterie.

Les batteries centrales cuirassées (p. e. 6) représentent le rempart. La ligne antérieure, armée de canons cuirassés de petit calibre, correspond au rempart *bas ;* la ligne postérieure, armée d'obusiers cuirassés de gros calibre, tient la place du rempart principal.

Les flancs de l'ouvrage sont couverts, comme des échelons en retraite, par des positions pour l'infanterie (1, 3, 5, etc.)

Les batteries de réserve cuirassées (6 R) forment le réduit du groupe-noyau (6) : le soldat y est de garde, y mange et y dort près de l'embrasure du cuirassement ; il est sur place à chaque moment, quand on l'appelle à son poste.

Comme renfort ultérieur, dans le sens du rempart principal, se présentent l'artillerie de position et l'infanterie de réserve de la zône : la ligne extrême est convertie de cette manière en une forte position de retraite.

La différence qui existe entre ces ouvrages de l'ancienne ceinture étroite des forts et nos batteries réside en ceci, c'est que pour tenir compte de la force destructive de projectiles-torpilles de gros calibre, tous les ouvrages de la fortification cuirassée ont été séparés et décomposés jusque dans leurs détails. Toutefois, chaque partie de ce système conserve son indépendance et assure sa propre défense ; elle ne dépend pas des ouvrages voisins, mais elle leur prête son appui. Grâce à la répartition du front en profondeur, il a été possible de combiner un système de réserve avec les premières lignes détachées et le front cuirassé ne doit pas craindre d'être percé par les colonnes d'assaut de l'ennemi.

Le front cuirassé servant à renforcer la ceinture des forts.

Dans la fig. 2 nous avons fermé les intervalles ouverts entre les forts par un système semblable à celui que nous venons de décrire et nous avons admis également que ces intervalles sont de 3 kilomètres. S'ils étaient plus considérables, il faudrait naturellement un nombre de batteries relativement plus grand. L'exemple ne montre la différence qui existe entre le but de colonnes que si l'on supprime tout ce qui a été intercalé entre les forts ; mais il indique clairement la répartition en profondeur du front cuirassé. A l'aile droite se trouvent deux positions cuirassées avec 2 batteries de réserve et 1 ouvrage pour l'infanterie. En avant du front sont détachées 3 batteries d'enfilade dont deux en avant des forts et une au centre. Ce cas ne se présentera pas toujours, car il arrive souvent qu'au milieu de l'intervalle on trouve un ruisseau, une coupure, etc. C'est pour ce motif qu'à l'aile gauche, nous avons placé deux positions l'une à côté de l'autre, pour pouvoir s'assurer la position des deux rives ou des deux versants.

Ce genre de renforcement direct n'est applicable que si le terrain extérieur ne présente plus de positions avantageuses ou si la forteresse possède déjà un développement tel qu'il n'est plus possible de la faire précéder par de nouveaux ouvrages.

Dans la plupart des cas, il est cependant plus avantageux de détacher le front cuirassé, comme on l'a fait pour la place de Metz. La configuration du terrain indique à quelle distance de la place cette fortification doit s'étendre.

Si l'on ne dispose que de moyens limités et si l'on applique la fortification improvisée, on peut se contenter de moins d'ouvrages, mais ne jamais les disposer sous la forme linéaire ; il faut toujours organiser deux lignes.

La planche VI de notre brochure « attaque et défense des fortification cuirassées modernes » donne le croquis d'un renforcement sans affûts cuirassés. La première ligne se compose d'emplacements couverts, armés d'obusiers ; la seconde est formée de batteries à ciel ouvert, destinées à flanquer la première ligne, si l'ennemi cherche à s'en emparer par une attaque de vive force.

Le dessin indique suffisamment les détails : nous pouvons donc nous passer de donner d'autres explications.

Nous avons cru cependant bien faire, en ajoutant ces croquis aux planches de cette brochure. parce qu'ils font mieux comprendre nos idées que le texte ne pourrait le faire. Nous nous permettons d'ailleurs de renvoyer à nos écrits antérieurs pour que nous ne soyons pas obligé de faire de nouvelles répétitions.

Après avoir donné cet aperçu nous allons examiner avec un peu plus de détails la

Composition du front cuirassé.

La figure 3 donne la représentation schématique de la BATTERIE CENTRALE CUIRASSÉE du groupe-noyau, telle qu'elle peut être employée comme type, en terrain absolument uni. La planche III de la brochure que nous venons de citer indique les modifications qui résultent de son application en terrain coupé. Nous y voyons un mamelon couronné à droite et à gauche par une batterie de cuirassements mobiles. Au centre, mais en arrière sur le versant dérobé aux vues de l'ennemi, se trouve une station pour 3 obusiers cuirassés et à proximité sont situés les logements pour la garnison. En comparant ces deux croquis, on voit l'analogie qui existe entre ces deux applications. D'une part, utilisation du terrain en style improvisé ; d'autre part, répartition méthodique en style permanent. Dans ce dernier cas, les obusiers sont placés en arrière des cuirassements mobiles ; ceux-ci leur servent en même temps d'observatoires dans le combat d'artillerie et les défendent par le feu rapproché, en cas d'assaut.

En terrain absolument plat, chaque emplacement de bouche à feu doit être précédé d'un remblai de deux mètres de hauteur qui donne aux cuirassements mobiles un certain commandement, leur permettant de fouiller le terrain extérieur ; il sert de couvert aux obusiers cuirassés et facilite la construction des logements pour la troupe. En terrain coupé, ce remblai est généralement supprimé, surtout quand il s'agit de fortifications improvisées.

Les fig. 4, 7, 8, 9 indiquent les profils, quand les emplacements sont préparés à l'avance et pourvus d'un fort bétonnage ; les fig. 10, 11 et 12 donnent une représentation analogue pour la fortification de campagne. Les cuirassements mobiles sont placés sur la crête, ceux pour obusiers en arrière sur la pente, peu importe à quelle distance. Si le terrain n'est pas accidenté, on les place naturellement plus en arrière (fig. 13), parce qu'autrement ils ne trouveraient pas de couvert naturel. Si le terrain est ondulé, on les rapproche davantage, pour qu'ils ne se trouvent pas trop loin en dessous de la crête (fig. 14). La forme horizontale des ondulations exerce également une influence sur le groupement des bouches à feu. Si les mamelons ont peu d'étendue et s'ils sont de forme circulaire, il arrive souvent que les cuirassements d'enfilade se trouvent à la même hauteur que les obusiers, comme dans la fig. 15, tandis que pour les mamelons formant terrasses avancées, une bouche à feu d'assaut du centre doit souvent être reculée, comme dans la fig. 16. Ces 4 croquis ont uniquement pour but de montrer les différences qui peuvent se présenter dans la construction des ouvrages.

La batterie dont nous donnons ici la représentation est un peu plus grande que celle que nous avons décrite dans notre précédente brochure et à la planche III ; elle est plus groupée, sans que nous ayons sacrifié les avantages de ses cuirassements, puisque ceux-ci sont distants entre eux de 100^m en profondeur et en largeur. Dans les intervalles sont situés les abris couverts ; ceux de la ligne avancée sont destinés aux servants des cuirassements mobiles, pour le temps pendant lequel ils ne sont pas de service aux pièces. Il arrive souvent qu'il n'y a qu'un officier ou un sous-officier en observation dans le cuirassement qui convient le mieux dans ce but. Les 3 abris de la seconde ligne servent de logement à l'officier commandant, aux sous officiers, aux servants des obusiers et au personnel de réserve. Le tout est entouré d'un obstacle en fil de fer de 20^m environ de largeur, ouvert à la gorge, à moins qu'on ne préfère le détacher à plusieurs centaines de mètres, comme barrière de front.

Les munitions sont placées dans les substructions des affûts cuirassés ; comme ce sont des cartouches toutes prêtes, on n'a pas besoin de magasins spéciaux pour les projectiles et pour la poudre.

Les fig. 48, 49 et 50 de la planche III donnent quelques profils du fossé à obstacles.

Pour l'armement et l'occupation des ouvrages-noyaux nous comptons:

1 officier commandant en communication avec le chef du secteur ;

2 sous-officiers comme suppléants et organes exécutifs ;

2 gradés comme chefs de pièce des obusiers cuirassés ;

4 servants pour les 2 obusiers cuirassés ;

6 » pour les 3 canons cuirassés ;

3 » de réserve.

Total : 1 officier, 2 sous-officiers et 15 hommes pour 2 obusiers et 3 canons cuirassés.

Les trois tours de service d'une batterie centrale cuirassée exigent donc un personnel de 54 hommes. [1])

Les tableaux II et III de l'annexe donnent toutes les indications pour ce qui concerne le matériel, le nombre de travailleurs, le temps et la dépense nécessaires pour la construction d'une batterie centrale cuirassée en style permanent et en style improvisé.

LA BATTERIE DE RÉSERVE CUIRASSÉE (fig. 20) sert de poste de repli à l'ouvrage-noyau qui le précède. Grâce à la disposition de cette répartition profonde, on est parvenu à disséminer l'effet des projectiles ennemis. Il nous est possible, dans le combat d'artillerie, en faisant ouvrir le feu par les lignes situées en arrière, d'attirer l'ennemi à proximité de la position principale. Dans le cas d'un assaut, la batterie de réserve nous fournit l'avantage de pouvoir soutenir le combat jusqu'à la dernière extrémité, en bombardant les positions antérieures, et d'empêcher ainsi le passage de l'ennemi.

Une batterie de position agissant à découvert ne saurait remplir ce rôle d'une manière satisfaisante. La bouche à feu cuirassée seule est capable d'atteindre avec sûreté un but déterminé, la nuit et par les temps de brouillards aussi bien que pendant le jour, grâce à l'excellente position qu'occupe la pièce. La batterie de réserve est armée dans ce but d'un obusier de 12c et, pour la défense rapprochée, de 2 affûts cuirassés mobiles. Deux abris couverts servent de logement au personnel ; les munitions sont déposées dans les cuirassements.

---

1) La proportion qui existe entre les cadres et les servants est toute différente de celle qui est admise pour l'artillerie de campagne et l'artillerie de position : les bouches à feu cuirassées exigent moins de servants.

Les profils correspondent à ceux des autres batteries.

Les fig. 20 et 22 indiquent une différence dans l'application : dans la première, l'obusier se trouve en première ligne ; dans la seconde, il est placé en arrière du couvert.

Ces postes de repli peuvent être transformés en solides points d'appui, si l'on a soin d'y attacher des compagnies de réserve.

La batterie de réserve comprend :

1 officier commandant ;

1 sous-officier comme aide ;

1 gradé comme chef de pièce de l'obusier ;

2 servants pour l'obusier cuirassé ;

4   »   pour les 2 canons cuirassés et

1 servant comme réserve.

Total : 1 officier, 1 sous-officier et 8 hommes pour 1 obusier et 2 canons cuirassés.

Le triple tour de service exige donc 30 hommes.

Les tableaux IV et V donnent les détails pour la construction d'une batterie de réserve en style permanent et en style improvisé.

LA BATTERIE D'ENFILADE CUIRASSÉE (fig. 17) est destinée à mieux fermer les intervalles du front cuirassé. Son rôle consiste à étendre ses vues sur les parties de terrain qui ne sont pas suffisamment visibles de la position principale, à contrarier la marche des batteries ennemies dans les secteurs voisins, à signaler l'approche des colonnes d'assaut et à retarder par son feu leur passage à travers les lignes. La batterie est armée à droite et à gauche d'un canon cuirassé à tir rapide et, au centre ou en arrière, à l'endroit le plus convenable, existent deux abris couverts. Pour qu'elle soit à l'abri d'une attaque de vive force, il y a un réseau en fil de fer fermé, à l'intérieur de la batterie (il n'est pas indiqué dans la fig. 17) et un second réseau ouvert, à l'extérieur. Ce dernier se trouve à portée efficace de mitraille des 2 canons à tir rapide et rend l'approche de l'ennemi très difficile. Les fig. 7 et 9 donnent les profils pour la fortification permanente, les fig. 10 et 12 se rapportent à la fortification improvisée. Les croquis 18 et 19 représentent des différences dans l'emploi et l'étendue de la barrière d'obstacles.

Une batterie d'enfilade se compose de :

1 sous-officier commandant ;

4 servants pour les 2 canons cuirassés et

2 servants comme réserve,

Total : 1 sous-officier et 6 servants pour 2 canons cuirassés.

La garnison comprend, en outre, 1 sous-officier d'infanterie et 6 hommes pour assurer le service des patrouilles : la batterie constitue pour eux un solide point d'appui.

Le triple tour de service de l'artillerie exige 21 hommes.

Les tableaux VI et VII donnent les renseignements pour la construction d'une batterie d'enfilade en style permanent et en style improvisé.

LA POSITION D'INFANTERIE. Peu d'ingénieurs sont parvenus à construire un poste pour l'infanterie, ayant rencontré l'approbation générale ; car les uns voulaient établir une redoute fermée de l'ancien système avec fossé profond, tandis que les autres se contentaient d'une tranchée de campagne pour tirailleurs debout, à genoux et couchés. La garnison se composait tantôt d'un bataillon, tantôt de compagnies. Dans notre projet (fig. 23) nous avons choisi un moyen terme entre la tranchée et la tranchée-abri et nous avons adopté une position tactique composée de 3 parties.

L'ouvrage avancé correspond aux faces des redoutes, les échelons en arrière tiennent lieu de flancs, leurs ailes intérieures constituent le réduit.

La garnison se compose d'une compagnie d'infanterie à 258 hommes. La 1re section occupe l'ouvrage I ; la 2me section, la face et le flanc droit extérieur de l'ouvrage II ; la 3me section, la face et le flanc gauche extérieur de l'ouvrage III et la section de réserve se concentre au ravelin de la gorge. Cette réserve est formée de la 4me section, si la comgagnie est subdivisée ainsi, ou de 20 hommes empruntés à chacune des 3 unités et placés sous le commandement d'un officier ou d'un sous-officier, car il est nécessaire que le capitaine ait encore une troupe en mains dont il puisse disposer librement. Chaque unité de combat compte environ 60 fusils.

Dans la fig. 51, le retranchement pour l'infanterie se compose de 4 parties, parce qu'un échelon spécial est affecté, à la gorge, à la 4me section. C'est là l'idée que nous nous faisons d'une redoute en fortification de campagne. Ce n'est qu'exceptionnellement que l'on peut y attacher quelques cuirassements mobiles au point le plus exposé.

En séparant l'artillerie et l'infanterie, il a été possible de conserver à chaque arme sa liberté d'action et de régler exactement les relations de commandement. Dans les positions cuirassées, c'est l'officier d'artillerie qui commande ; dans les postes d'infanterie, c'est le commandant de la compagnie.

Les dimensions de l'ouvrage complet ont été déterminées d'après l'espace qui est nécessaire pour loger ces 258 hommes; elles ne sont donc pas arbitraires. Cet espace serait considérablement réduit, si les casemates étaient plus profondes, mais nous ne le voulons pas. Si une troupe est obligée de loger à proximité de la ligne de feu, on doit choisir ce système, pour tenir compte de l'effet produit par les projectiles-torpilles. Ici l'entrée de l'abri est libre et on peut en sortir rapidement et de divers côtés.

Les casemates étroites, profondément engagées dans le parapet, ont l'inconvénient de se trouver dans une direction parallèle à la ligne de tir et comme la dispersion des projectiles est plus grande en profondeur qu'en largeur, ces casemates constituent un but avantageux pour l'ennemi : ce sont des réceptacles à projectiles. Si leur accès est détruit, l'espace situé en arrière est obstrué, et, dans la plupart des cas, il n'est plus utilisable. Il en est tout autrement des logements construits dans le sens de la largeur, par conséquent perpendiculairement à la direction du tir. Si un projectile brisant les bouleverse en un endroit, les ailes restent quand même accessibles. Ce sont précisément les casemates en arceaux des constructions permanentes qui présentent le plus d'avantages. La voûte est supportée de mètre en mètre par des fers arqués ; si elle est transpercée, la destruction ne s'étend que sur un mètre, tout au plus sur deux, et la brèche fournit un nouvel accès à l'ouvrage. Aucun local ne renferme plus de 20 hommes et, pour pouvoir détruire complètement tout l'ouvrage, il faudrait faire brèche dans 19 abris couverts séparés. De plus, ces abris ne sont pas situés à la même hauteur ; il faut un tir spécial pour chacune des 9 lignes et cette opération n'est pas facile, puisque les abris, situés en arrière de la crête, sonts couverts par la configuration du terrain.

Cette forme de retranchement répond à la manière de combattre de l'infanterie et elle est indispensable pour que les ouvrages aient quelque valeur ; car ce ne sont pas eux qui exécutent le combat, mais bien les troupes qui y sont attachées.

Une section est déployée sur le front, deux sections débordent à droite et à gauche comme échelons de retraite et une quatrième section comme réserve, au centre : telle est la formation de la compagnie en rase campagne et elle est suffisante. Grâce à une conversion, la compagnie peut changer de front, si l'attaque est dirigée plutôt sur le côté; mais, comme les ouvrages de fortification ne permettent pas ce changement, il faut absolument qu'on remédie à cette lacune au moyen de crochets défensifs. Dans tous les cas, nous disposons d'un plus grand nombre de parties, séparées entre elles, pour ne pas avoir à craindre que la perte de l'une d'elles n'enlève entièrement la force de résistance de la position. Trois ouvrages servent de logement à la troupe; trois lignes sont tournées vers le front: ce sont les faces centrales. Trois parties couvrent le flanc droit: ce sont les ailes droites extérieures des ouvrages I et II et l'aile droite intérieure de l'ouvrage III, qui sert d'échelon de réserve dans le cas où la position vient à être percée. Trois parties empêchent la position d'être tournée à gauche; ce sont les ailes gauches extérieures des ouvrages I et III et l'aile gauche intérieure de l'ouvrage II.

L'entrée de la position par la gorge est flanquée par les casemates de garde des ailes extérieures des ouvrages II et III; elle peut être battue également par la section de réserve occupant les rampes intérieures et le ravelin de la gorge.

Les ouvrages II et III occupent une position latérale un peu oblique par rapport au front. Cette disposition a été prise pour que, dans le cas d'un attaque frontale exécutée la nuit ou par un temps de brouillards, les échelons de seconde ligne ne tirent pas sur ceux qui les précédent. Des lanternes rouges, placées aux rampes extrêmes, indiquent d'ailleurs la position de l'ouvrage avancé.

La largeur de front de chaque échelon est de 100^m; elle correspond au développement de la ligne de feu occupée par la section *en ordre dispersé*. La position combinée a une étendue de 250 à 300 mètres; elle a été déterminée de manière qu'il y ait l'espace suffisant pour le déploiement *en ordre serré* de 2 compagnies de réserve qui viendraient, le cas échéant, renforcer la position.

Toutefois, indépendamment de cette prévision, la compagnie qui sert de garnison à cette position a besoin de cet espace pour ne pas être gênée dans ses mouvements. Strictement parlant, la largeur est indiquée par les faces des ouvrages occupés par les trois sections. Il est de fait que les crochets défensifs sont protégés par le feu de ces faces, exécuté obliquement à droite et à gauche sous l'angle de 30°, mais ils étaient cependant nécessaires pour donner, par exemple, à la deuxième section l'occasion d'occuper le flanc extérieur, afin de pouvoir s'opposer directement à un mouvement enveloppant exécuté de ce côté.

Le réseau en fil de fer de 20ᵐ de largeur qui entoure la position, empêche que celle-ci soit percée brusquement et permet aux 240 fusils d'agir à portée efficace avec toute l'intensité du feu possible et de repousser les colonnes d'assaut.

L'arrivée des troupes de réserve a certainement sa valeur, mais leur entrée en action pour la conservation du poste n'est pas absolument nécessaire. Il est vrai que pour chaque position d'infanterie nous comptons sur une compagnie de réserve, mais celles-ci ne sont pas éparpillées à ce point et il y en a toujours 2 à 4 qui sont tenues ensemble. S'il y avait donc un plus grand nombre d'ouvrages, il faudrait qu'ils pussent se tirer d'affaire avec la garnison qui leur est assignée. D'ailleurs, la répartition des ouvrages le permet : si un front ou un flanc a été percé, il peut toujours être remplacé doublement, car tous les ouvrages peuvent diriger leur feu dans trois directions.

La fig. 23 représente le tracé schématique de la position, les fig. 24 et 25 en donnent une vue frontale, les fig. 26 et 27 indiquent le développement des flancs et les fig. 28 et 29 sont des coupes à travers deux profils différents ; la coupe supérieure correspond aux dimensions de la fig. 30 et la coupe inférieure à celles de la fig. 33.

Dix coupes différentes nous montrent la variété dans l'exécution : les 5 coupes supérieures se rapportent au terrain de plaine, les 5 inférieures au terrain coupé : elles s'appliquent aux constructions permanentes, provisoires et improvisées.

Nous entendons par fortification permanente, les ouvrages qui ont été construits en temps de paix avec des matériaux excellents et en utilisant tous les moyens techniques. Au front cuirassé, établi en style permanent, appartiennent les emplacements pour cuirassements, les casemates de l'artillerie et les positions pour l'infanterie. Ils ont l'avantage d'être mieux couverts et de fournir à la troupe un logement meilleur dans des locaux bien aménagés. Mais l'emplacement sera la plupart du temps connu de l'ennemi et ces ouvrages perdront ainsi une grande partie de leur valeur. Ils ne possèdent plus que le couvert matériel ; mais, sur le terrain, ils ne sont plus entièrement dérobés aux vues de l'ennemi.

Les ouvrages de fortification provisoire sont ceux qui ont été construits, dès que la guerre était imminente. Le front cuirassé possède cet avantage, c'est que grâce au matériel d'artillerie qu'il emploie, le couvert se présente toujours dans de bonnes conditions, tandis que les casemates se détériorent. La fortification provisoire est appelée à jouer un grand rôle dans les guerres futures, quand il s'agira d'établir des fronts cuirassés. Elle n'était employée autrefois qu'en cas de nécessité et ne fournissait généralement que de mauvais résultats. Actuellement les principes ne sont plus les mêmes ; on a renoncé aux remparts élevés et aux fossés profonds et il est devenu possible d'achever en peu de temps des positions qui ont été préparées à l'avance.

Sous la dénomination de fortification improvisée, nous comprenons les lignes de défense qui ont été établies pendant la durée de la guerre. Ces travaux sont entrepris lorsque la guerre nous surprend, lorsque pendant une campagne malheureuse nous avons besoin de construire une forteresse en des points qui ont été négligés auparavant ou qui acquièrent une grande importance dans certaines périodes de la guerre ; enfin, si l'armée est victorieuse, on en établit en pays ennemi et pour couvrir des corps détachés. Si l'on dispose, pour la construction improvisée, de cuirassements, de matériaux, de munitions et de vivres, il sera toujours possible d'achever une forteresse cuirassée en peu de jours. Le défenseur possède toujours l'avance du temps sur l'assiégeant, qui doit également tout improviser et cela sous le feu redoutable de la défense.

Nous nous sommes arrêté un peu plus longtemps à ces considérations et pour traiter la question des positions d'infanterie, parce que le projet est neuf, tandis que nous avons parlé longuement des batteries cuirassées dans notre brochure « attaque et défense des fortifications cuirassées modernes».

On trouve aussi dans ces positions pour l'infanterie la simplicité de la construction, l'indépendance de chaque partie et le système de réserve, réalisé par le groupement des divers éléments, tel qu'il existe dans les batteries cuirassées.

Les fig. 30, 31, 35 et 36 représentent des coupes de la fortification permanente. La voûte est formée par des fers arqués (voir fig. 40), placés l'un à côté de l'autre à un mètre de distance et reliés par des voûtelettes en briques. Le recouvrement est fait en béton. Des portes et des fenêtres existent vers l'intérieur de l'ouvrage. La hauteur de la voûte, à l'intérieur, est de 2,40ᵐ ou 2ᵐ; dans le premier cas,il y a deux rangées de lits superposés ; dans le second, il n'y a qu'une rangée, mais les casemates ont plus de longueur (largeur). La ligne de feu est située au-dessus et l'on y arrive au moyen de 4 rampes en terre, par le talus en pente douce du rempart aux deux flancs ou au moyen de rampes de secours en bois, que l'on peut appliquer en n'importe quel endroit.

Les fig. 32 et 37 sont des profils pour constructions provisoires. On y emploie également des fers arqués et des revêtements en bois ; le recouvrement se fait en rails ; ce genre de construction est applicable si l'on a sous la main les matériaux nécessaires et si l'on dispose d'un temps suffisant.

Les fig. 33, 34, 38 et 39 sont des profils pour constructions improvisées. Les abris se composent de tôle ondulée, de charpentes en bois et de poutres ou de fascines et de rondins ordinaires. Il est clair qu'il s'agit ici d'une exécution rapide. Ainsi dans la fig. 34 les terres déblayées sont rejetées des deux côtés: dès que les abris sont installés, le déblai extérieur sert de couvert et le déblai intérieur est destiné à former une ligne de feu en arrière des abris. Dans la fig. 39, on a utilisé la coupure d'une route, mais cette circonstance avantageuse ne se rencontre qu'exceptionnellement. Dans la fig. 33, on a laissé subsister le coin de terre à proximité des entrées : la ligne de feu se trouve ici à la paroi postérieure de la casemate. Dans la fig. 38, l'abri est construit en arrière de la crête d'une élévation de terrain. Les terres du déblai sont rejetées en arrière sur la pente, pour ne pas indiquer la présence d'un épaulement. Les soldats sont logés sur la paille, comme dans les cantonnements (voir fig. 41).

Le soldat porte ses munitions dans sa cartouchière ; mais, pour chaque détachement, il existe une réserve dans son abri. Les munitions ne peuvent pas être déposées dans un magasin spécial, puisqu'on doit les avoir rapidement sous la main.

A la planche III nous avons donné trois profils différents pour le fossé d'obstacles. Les fig. 48, 49 et 50 s'appliquent respectivement à la fortification permanente, provisoire et improvisée. La dernière fig. indique la possibilité d'une exécution rapide, puisque le déblai n'est que de 3 mètres cubes par mètre courant, tandis que pour la fortification permanente et la fortification provisoire, il est respectivement de 6 et de 10 mètres cubes.

Les fig. 42, 43, 44, 45 et 47 montrent différentes applications. Le terrain ne permet pas toujours la formation normale en trois ouvrages; s'il monte vers le centre, les ailes intérieures des échelons ne servent à rien et l'on doit créer une position spéciale pour la section de réserve. Il arrive souvent aussi qu'une des ailes a plus d'importance que l'autre, ou que la ligne de front doit être plus solidement occupée que la gorge et ainsi de suite.

Les tableaux VIII, IX et X donnent de plus grands détails au sujet de la construction d'une position pour l'infanterie, en style permanent et en style improvisé.

L'ARTILLERIE DE POSITION est indispensable pour l'exécution du combat d'artillerie. Elle est armée de bouches de gros calibre, qui cherchent à se couvrir par le terrain. Nous ne nous servons pas de cuirassements, parce qu'ils coûtent trop cher et qu'ils ont l'inconvénient de n'être ni démontables, ni transportables. Agissant à découvert, cette artillerie conserve sa mobilité et nous pouvons l'employer pour renforcer tel ou tel secteur, dès que l'attaque principale s'est accentuée, et l'intercaler dans la charpente des batteries cuirassées, pour transformer la ligne de réserve en un front impénétrable. Mais ce n'est pas tout. La présence du front cuirassé donne aux batteries de position de la défense une supériorité considérable sur celles de l'adversaire, parce que tous les efforts sont absorbés par le tir contre les nombreux et petits cuirassements. Il en résulte aussi que le front de la réserve d'artillerie est à l'abri d'une attaque de vive force.

Quant à la composition de l'artillerie de position, nous croyons que pour bien remplir sa mission, celle-ci doit comprendre la proportion des bouches à feu suivantes :

1) obusiers de campagne de 12^c : environ 2/10;
2) » » » » 15^c : » 4/10;
3) batteries de mortiers de 21^c : » 2/10;
4) canons de position de 12^c; » 1/10;
5) » » » » 15^c; » 1/10.

Nous supposons que les batteries ne possèdent que 4 bouches à feu, au lieu de 6, de cette manière nous réalisons une économie de cadres, puisque nous n'avons pas à tenir compte des commandants de section.

8

L'INFANTERIE DE RÉSERVE est placée un peu en arrière dans les localités habitées, dans des baraques, sous des tentes, mais assez éloignée de la ligne la plus avancée. S'il n'est pas possible de la loger ainsi, on construit des abris dans les bois, sur les versants et dans les coupures des routes. L'infanterie de réserve n'est donc pas prête pour entrer en action, mais elle dispose d'un temps suffisant pour gagner les batteries de repli et pour y prendre part au combat.

En cas de revers, c'est-à-dire si l'ennemi réussit à percer le front, ces réserves de secteurs constituent pour la défense l'unique moyen de rester en possession des points les plus importants de la position, d'où l'on pourrait se réemparer des lignes précédentes.

Organisation du service.

Nous connaissons déjà l'emplacement et la force de nos troupes.

L'ARTILLERIE assure le triple tour du service dans les positions cuirassées. Il n'y a que deux tours pour l'artillerie de position. Le relèvement de chacun d'eux a lieu au bout de 24 heures mais, en temps de grandes chaleurs ou de froids intenses, il se fait au bout de 12 heures.

Ce relèvement commence généralement une heure avant le lever du soleil.

Pendant ces 24 heures, le canonnier ne reste pas constamment près la pièce. Il se repose la plupart du temps dans les abris pendant que les observateurs (officiers, sous-officiers ou soldats munis d'organes visuels) se trouvent à l'embrasure du cuirassement.

Quant à la transmission des ordres, nous en avons parlé longuement dans la brochure « attaque et défense des fortifications cuirassées modernes »: il est inutile que nous fassions des répétitions. Ajoutons cependant que d'après ce système, la transmission est beaucoup facilitée.

Le commandement est exercé dans la batterie centrale par un officier et 4 gradés ; dans la batterie de réserve, par un officier et 2 gradés. Ce n'est que dans la batterie d'enfilade que le commandant est un sous-officier.

Les deux premiers ouvrages communiquent entre eux et avec le commandant du secteur à l'aide du téléphone. Celui-ci fonctionne avant le commencement du combat ; il ne faut plus y compter dans la suite. Les communications ne peuvent se faire alors que par cavaliers, ordonnances à pied ou chiens de guerre. Si, à un moment donné, plus rien ne marche, il ne reste plus que l'initiative personnelle de l'officier.

Le personnel du 2ᵉ et du 3ᵉ tour de service de l'artillerie est logé en arrière du front de combat. Dans l'exemple que nous avons choisi, il se trouve dans les casemates des forts dont il peut être considéré comme formant en même temps la garnison.

Ce personnel s'occupe de la confection de munitions et de matériaux pour la construction des batteries, de la préparation de nouveaux emplacements pour l'artillerie et de la fabrication de simulacres de cuirassements pour tromper l'ennemi.

Pendant qu'ils sont de service aux pièces, les canonniers se nourrissent de conserves et de café réchauffé ; les deux autres jours, ils reçoivent de la soupe et de la viande.

L'INFANTERIE qui a été désignée pour occuper un ouvrage, y séjourne pendant toute la durée du siège. Ce n'est que, par exception, que les compagnies sont relevées.

Si un ouvrage est trop tourmenté par le feu ou s'il éclate des maladies contagieuses parmi les troupes de la garnison, on l'évacue et la défense du secteur est confiée à un point d'appui à construire dans le voisinage, en fortification improvisée.

L'infanterie passe la nuit dans les casemates ou dans les abris. Dès qu'il commence à faire clair, elle exécute une marche vers l'intérieur de la place, en ayant soin de laisser une garde de 20 hommes. Cette marche ne s'étend pas à plus de 2 kilomètres, pour que l'on puisse rappeler les troupes en tout temps, du moment que les observateurs signalent l'approche de l'ennemi. Les choses ne se passent donc pas ici comme à Düppel, en 1864, puisque les batteries cuirassées, qui sont les plus rapprochées de l'ennemi, conservent leur garnison normale.

En temps de brouillards, la compagnie ne quitte pas l'ouvrage.

On doit avoir soin de la rappeler souvent sous les armes, le jour et la nuit, en faisant sonner l'alarme, afin qu'elle apprenne à bien connaître son service pour le moment du danger. Les compagnies de garnison fournissent en même temps aux batteries d'enfilade qui les précèdent, les patrouilles de sous-officier dont nous avons parlé.

N'importe ce qui se présente pendant l'assaut, la garnison ne peut pas quitter son poste, même dans le cas où elle ne serait pas attaquée, mais qu'elle croirait devoir se porter au secours d'un ouvrage voisin fortement menacé.

C'est l'affaire des compagnies de réserve. Celles-ci passent seulement la nuit dans leurs logements. Pendant le jour, elles font l'exercice, occupent les positions qui leur ont été assignées et fournissent en même temps des travailleurs auxiliaires au corps du génie et à l'administration. C'est pour ce motif qu'il est de règle que l'infanterie ne prépare pas ses repas dans la position. S'il fait beau, elle prend son repas de midi en plein air, en arrière de la ligne de réserve.

LA CAVALERIE est logée à l'intérieur de la place. Elle ne saurait, dans le vrai sens du mot, déployer son activité aussi longtemps que dure le combat d'artillerie. Elle fournit des patrouilles qui traversent le front là où la position cuirassée est seulement cernée par l'ennemi et tenue en observation par des points d'appui plus éloignés. Autrement, elle assure le service des renseignements et s'occupe de légers travaux incombant au train.

LE CORPS DU GÉNIE doit pourvoir à de multiples travaux. Il est chargé du service des télégraphes, du téléphone et de l'éclairage, du travail des mines, de l'amélioration des chemins et de l'exploitation des voies ferrées. Son personnel est renforcé par des travailleurs civils et par des détachements de l'infanterie de réserve.

LE SERVICE SANITAIRE est complété par l'élément féminin de la population.

Pour la préparation et la répartition des vivres, LES TROUPES D'ADMINISTRATION sont renforcées par des détachements de la landsturm, surveillés et guidés par la cavalerie. Les voitures sont empruntées, en partie, au train d'artillerie.

Défense du front cuirassé.

L'ARTILLERIE joue dans la guerre de forteresse le premier rôle et y devient, par conséquent, arme principale. C'est elle qui exécute le combat d'artillerie et qui rend aussi par son feu les meilleurs services au moment de l'assaut.

L'INFANTERIE a un rôle secondaire à remplir: elle constitue le soutien de l'artillerie; ses patrouilles éclairent le terrain extérieur et, au moment de l'assaut, elle prête un puissant appui. Ce n'est que dans le cas d'une sortie que son rôle devient plus important.

LA CAVALERIE assure le service d'ordonnances à cheval pendant le grand combat d'artillerie; au moment de l'assaut, elle sert de réserve à la 3me ligne; mais dans le cas d'une sortie, elle rentre dans tous ses droits et agit comme dans l'armée de campagne.

Pendant le combat d'artillerie, *le génie* est chargé de l'exploitation des voies ferrées en vue de l'approvisionnement des munitions ; ses détachements de télégraphistes veillent à la transmission des renseignements. Pendant l'assaut, les mineurs se préparent à mettre le feu à leurs charges et les pionniers éclairent le terrain extérieur au moyen de lampes électriques.

C'est actuellement le moment de faire connaître davantage l'activité des deux armes principales, c'est-à-dire l'artillerie et l'infanterie.

LE GRAND COMBAT D'ARTILLERIE. Lorsque l'investissement a eu lieu, c'est la dernière ligne des batteries de réserve qui entre de préférence en action. Elle doit, grâce à son feu, empêcher que l'assaillant ne s'installe, l'induire en erreur au sujet de la position peu apparente du front cuirassé et l'attirer davantage à proximité des groupes-noyaux.

Dès que l'emplacement du front est connu, c'est la position principale qui ouvre le feu et elle est soutenue par la ligne de réserve et par l'artillerie de position. Elle agit par son feu de masse qui doit être dirigé contre toute la zône du terrain. Toutes les bouches à feu qui peuvent atteindre le but, participent à ce tir, mêmes les bouches à feu d'assaut de petit calibre. Il serait imprudent de les réserver uniquement pour le cas d'une attaque de vive force, qui n'aurait peut-être jamais lieu, et c'est pour ce motif qu'on les a établies près de la crête et non au fond du fossé, comme dans les fortifications antérieures. Les bouches à feu n'exécutent que le tir rapide ; la consommation en munitions ne sera pas plus considérable, puisque les interruptions du feu, dans le but de pouvoir s'orienter, seront d'autant plus longues. Ce feu de masse sera de nature à écraser l'ennemi. Nous ne savons pas exactement où il se trouve, mais ce que nous connaissons, par exemple, c'est que pendant la nuit de nombreuses bouches à feu à tir plongeant ont été transportées en arrière du versant ouest de Gravelotte. Si nous n'apercevons pas la batterie isolée, il n'y a qu'un moyen de produire des résultats. On dirige sur tout le versant le feu rapide fût-ce de

100 pièces. Ces explosions successives de projectiles, semblables à l'éruption d'un volcan, doivent ébranler le sol, les gaz doivent empester l'air et tout le terrain doit être exposé à une grêle d'éclats. Cette situation dure une minute, mais ce temps a suffi pour obtenir des résultats. Les batteries d'attaque sont rentrées dans le silence, car les servants sont tués.

Mais l'assaillant emploiera aussi le même procédé pour empêcher l'assiégé de rester dans les cuirassements et pour en rendre le séjour impossible. Toutefois, les conditions ne sont pas les mêmes, car les éclats des projectiles ne produisent aucun effet sur les cuirassements et l'assiégeant n'a pas immédiatement sous la main même la quantité de munitions ; mais celles de la défense sont emmagasinées dans les substructions des tourelles.

Déjà dans l'armement du front cuirassé, on a eu soin de se préparer dans toutes les directions. L'assiégé peut attendre les évènements avec calme. Il n'en était pas de même dans la ceinture large des forts : le défenseur se trouvait dans une incertitude anxieuse, ne sachant pas par quel intervalle ouvert se présenterait sa réserve.

Dans notre système de fortification et dès que le grand combat d'artillerie a commencé, il ne se produit plus aucun déplacement des réserves. Le groupement des forces n'est modifié que lorsqu'on a acquis la certitude, par le grand nombre de projectiles qui éclatent et par celui des pièces démontées et des calottes cuirassées démolies, que l'attaque principale est imminente. A ce moment l'assiégé continue le combat dans le front primitif, mais il a soin de changer l'emplacement de ses batteries. Les secteurs qui n'ont été que faiblement inquiétés par le tir et par des attaques simulées cèdent la moitié de leurs cuirassements mobiles et de leur artillerie de position au secteur fortement menacé, afin de doubler la puissance d'artillerie de l'assiégé et de permettre encore à celui-ci de rester maître de la situation.

Si cette tentative échoue, si grâce à l'arrivée de nouvelles forces l'assaillant réussit à se maintenir et à faire brèche dans d'autres cuirassements et abris, alors l'assiégé évacue les lignes avancées et n'y laisse que les obusiers cuirassés, qui sont immobiles. Avec le reste de ses bouches à feu il se crée un nouveau front à hauteur des précédentes batteries de réserve et, en arrière de celles-ci, une nouvelle position de soutien avec le concours de l'infanterie. Ici encore il a l'avantage de pouvoir se mesurer avec un adversaire déjà ébranlé, sur un terrain qui lui est connu.

Si, dans ce nouveau front, l'assiégé ne réussit pas non plus à écraser l'artillerie de siège, il ne lui reste plus qu'à se retirer dans la ceinture des forts et finalement sur l'autre rive, pour y recommencer la lutte, comme s'il s'agissait d'une nouvelle forteresse, autrefois la citadelle.

Mais l'assiégeant a besoin d'employer des moyens gigantesques pour obtenir de tels résultats, sous le feu de masse de l'artillerie de la place, et si l'assiégé entend exactement son rôle dans le sens que nous venons d'indiquer, alors l'artillerie de siége sera repoussée le jour de l'ouverture du feu.

Pour atteindre ce but, nous utilisons la puissance de l'artillerie: le béton et les toitures cuirassées ne peuvent pas nous le fournir. Ce ne sont que des moyens défensifs et si nous nous en servons, c'est uniquement pour protéger les canons et les affûts, les servants et les munitions, pour autant que les circonstances le rendent indispensable.

Le front cuirassé constitue l'obstacle en arrière duquel agissent les batteries à tir éloigné de l'artillerie de position ; il détourne le feu ennemi de ces batteries, en l'attirant sur les cuirassements à faibles dimensions. La réserve d'artillerie, agissant à découvert, acquiert ainsi une supériorité considérable sur l'assaillant.

L'ASSAUT. Dès que les batteries d'enfilade avancées remarquent l'approche de l'ennemi, elles donnent le signal d'alarme et ouvrent le feu sur les colonnes d'assaut en marche. Les troupes qui occupent les positions d'artillerie et d'infanterie du front principal transmettent ce signal aux lignes situées en arrière et se préparent à la résistance. Les canons cuirassés dirigent le feu sur les intervalles dans lesquels ils aperçoivent une masse sombre. Dès que l'officier commandant en donne l'ordre, et il ne le fait que lorsqu'il a acquis la pleine certitude que c'est contre son ouvrage que l'assaut est dirigé, les obusiers cuirassés lancent leurs obus-torpilles réglés à temps dans la direction du front.

C'est la première étape du feu qui engage l'ennemi à rebrousser chemin et si le défenseur s'est aperçu suffisamment à temps de l'approche de l'assiégeant, on peut admettre qu'en ce moment déjà l'assaut aura été repoussé, avant que les autres parties du front ne soient entrées en action.

Mais si l'assiégé est surpris, une grande partie des batteries avancées est perdue ; c'est maintenant le front principal qui donne le premier signal d'alarme aux lignes de défense. L'assaillant s'avance contre les positions cuirassées et cherche à forcer leurs intervalles ; mais en voulant franchir la crête, il entre dans la zône du feu de l'infanterie des ouvrages intermédiaires dont il cherche à s'emparer.

Ces derniers sont entourés de réseaux en fil de fer et le mouvement enveloppant, exécuté sous un feu des plus intenses, doit échouer. D'autres colonnes profitent des brèches produites dans les obstacles pour pénétrer dans les ouvrages d'artillerie, afin de s'emparer des cuirassements, mais elles sont dispersées par les éclats des obus-torpilles réglés comme shrapnels et lancés par les batteries de repli.

C'est la deuxième catastrophe qu'éprouvent les troupes d'assaut, sans atteindre le but de leurs désirs.

Supposons enfin que l'assaillant parvienne à percer un front fortement éprouvé par le feu de l'artillerie et à se rendre maître de quelques positions d'infanterie et d'artillerie : son succès n'est cependant pas encore définitif. Les batteries de réserve, l'infanterie fraîche et la cavalerie de la défense entament la lutte et sont soutenues dans leurs efforts par le feu de l'artillerie de position et par les explosions de mines.

L'assaillant qui semble déjà l'avoir emporté, se trouve en face de la troisième phase du combat : c'est le moment critique, la décision. Pendant un court espace de temps la victoire et la défaite se trouvent dans la balance et la moindre oscillation peut décider de la possession d'un terrain durement acquis.

Même, lorsque finalement la ligne de réserve a été percée et enlevée, le résultat de l'assaut n'est pas encore certain L'assaillant a fait dans la ceinture cuirassée une trouée qui est exposée au feu croisé destructif des ouvrages latéraux et s'il ne parvient pas à s'emparer de ce front, il est obligé d'évacuer la position déjà conquise.

L'assaut présente donc quatre phases, c'est-à-dire quatre moments qui arrêtent la marche de l'attaque ennemie et qui donnent lieu à des pertes considérables ; car. à cause des grandes distances en profondeur, ces moments ne se succèdent qu'à de longs intervalles pendant lesquels l'assaillant reste exposé à un feu meurtrier.

Il n'existe jusqu'à présent aucun système de fortification qui ait opposé tant de difficultés à l'attaque de vive force et qui ait obligé l'assaillant de s'emparer successivement de 3 lignes, avant de pouvoir se maintenir dans la première.

*　*　*

Telle est la marche générale du grand combat d'artillerie et de l'assaut, que nous avons déjà traitée d'une manière approfondie dans notre brochure «attaque et défense des fortifications cuirassées modernes» et que la critique n'a pas pu réfuter jusqu'à présent.

III.

Etablissement de la fortification cuirassée autour de Metz.

Pour donner au camp retranché de Metz une étendue en rapport avec les exigences actuelles, pour pouvoir garantir contre le bombardement le noyau de la place, la ville, les grands magasins et l'emplacement des réserves et afin de permettre à la garnison de continuer la défense dans le cas où l'un des fronts aurait été anéanti par l'artillerie ennemie ou percé à la suite d'un assaut, il était nécessaire de donner au rayon de la place un développement de 8 à 10 kilomètres.

Cela pouvait se faire d'autant mieux que le terrain environnant, qui comprend les champs de bataille du 14, du 18 et du 31 août 1870 et leurs lignes de communication, présente une très forte position.

Cette extension plus grande donnée à la place rend en même temps le siège plus difficile pour l'ennemi, car la ligne d'investissement, qui ne compte que 50 kilomètres actuellement, est portée à 80 environ.

La nouvelle ceinture cuirassée se divise en trois grandes zones :

le front ouest sur la rive gauche de la Moselle ;

le front sud entre la Moselle et la Seille et

le front est sur la rive droite de la Seille et de la Moselle.

Sur la carte en relief de Metz, nous avons supposé que les mamelons étaient déboisés, afin de pouvoir utiliser judicieusement les positions pour des ouvrages permanents ou provisoires, préparés à l'avance. Cette carte ne répond donc pas à l'image naturelle que présente le terrain actuellement.

Pour la fortification improvisée, dans laquelle on peut se passer de cette préparation du terrain, on devrait choisir un front autre, plus étroitement en contact avec la ceinture actuelle des forts et permettant d'avancer en certains points quelques groupes de cuirassements dans des positions choisies.

Nous ferons connaître dans le chapitre suivant l'étendue à donner à une fortification de cette nature.

Le front ouest.

Il embrasse les hauteurs de Saulny et de Rozérieulles; son développement en arc de cercle depuis le point de passage de Malroy jusqu'au pont d'Ars est de *26 kilomètres*.

La fortification de ce front comprend :

17 bat^{ies} centrales avec 34 obusiers cuirassés et 51 canons cuirassés ;

17 » de réserve id. 17 » » 34 » » ;

22 » d'enfilade id. — 50 » » ;

30 » de position id. — — » 120 pièces.

Total : 51 ob. cuir. de 12°, 135 can. cuir. de 5°, 7 et 120 p. de gros cal.

L'artillerie agissant à découvert comprend : 24 obusiers de 12°, 48 obusiers de 15°, 24 mortiers de 21°, 12 canons de 12°, et 15 canons de 15°.

Nous y trouvons, en outre, 20 ouvrages pour l'infanterie avec 20 compagnies de garnison et, comme réserve, 24 compagnies.

Ce qui correspond à :

86 batteries avec 306 bouches à feu et

20 ouvrages pour l'infanterie avec 11 bataillons.

Le groupement des positions d'artillerie et d'infanterie n'a plus un caractère aussi schématique que dans le front cuirassé normal de la fig. 1. Tantôt les batteries d'enfilade sont placées directement en avant des ouvrages principaux, tantôt elles sont établies entre ces derniers, pour fermer les intervalles. Il arrive souvent que deux ouvrages d'artillerie ou d'infanterie sont placés l'un à côté de l'autre et que la batterie de réserve se trouve à la même hauteur que l'ouvrage-noyau voisin ou que les postes d'infanterie sont placés exceptionnellement en arrière, suivant que la configuration du terrain exige tel ou tel système.

Pour faciliter la transmission des ordres, le front est divisé en secteurs et ceux-ci en groupes, comprenant quelques postes d'artillerie ou d'infanterie.

Le front ouest se compose du secteur nord-ouest (depuis la Moselle jusques et y compris la route de Metz-Saulny-St-Privat), du secteur ouest (au sud de la route de St-Privat jusqu'au nord de la route de Gravelotte) et enfin du secteur sud-ouest (depuis cette dernière route jusqu'à la la Moselle). Le raccordement des secteurs est obtenu par des ouvrages d'infanterie intercalés et par les batteries de réserve. Il s'ensuit que pour celui qui examine la carte, il n'existe généralement pas de séparation, mais celle-ci est cependant indispensable en vue des détails du commandement.

Le secteur NORD-OUEST comprend les positions cuirassées 2, 4, 6, 8, 10 et 12 avec les batteries de réserve de même numéro, 6 postes avancés, les ouvrages d'infanterie 1, 3, 5, 7, 9, 11 et les sept compagnies de réserve correspondantes.

La vallée de la Moselle n'a pas été fortifiée par des ouvrages-noyaux d'artillerie : il existe donc ici une trouée ouverte, qui est tenue en observation par un nombre relativement restreint de cuirassements mobiles et quelques troupes d'infanterie. Cette disposition a été prise à dessein : le fond de la vallée se trouve à 165 mètres au-dessus du niveau de la mer et il est dominé, d'un côté, de 20^m par la batterie n° 2, de 40 par la batterie n° 4 et de 80 par la batterie n° 6 et, d'un autre côté, par les positions élevées de la rive droite. Une attaque de ce côté n'est pas à craindre et, si elle avait lieu, elle serait rapidement réprimée

On peut employer d'autant plus de forces sur les hauteurs de Fèves et de Saulny, pour renforcer le secteur ouest et agir dans la direction de la route de St. Privat. Pour le même motif, on a déplacé la plupart des batteries de repli vers la gauche sur les hauteurs de Plesnois (380), qui dominent tout le terrain environnant. La ligne de réserve y possède tous les avantages d'une position principale.

Nous avons parlé précédemment de la répartition du secteur en groupes, mais on ne doit pas y attribuer la même valeur systématique qu'au fractionnement de la place en fronts séparés par des cours d'eau et les commandants ne possèdent pas la même indépendance pour disposer de leurs batteries.

En effet, le groupement des parties pour le combat d'artillerie n'est pas le même que pour l'assaut. Cela pourrait se faire quand il s'agit d'un tracé schématique, comme dans la fig. 1 ; mais, sur le terrain, ce n'est plus possible. Il faut placer ici sous un seul commandement tous les éléments de défense qui sont rapprochés. C'est ainsi que les batteries 8 R, 10 R, 12 R, 14 R et 16 R conviennent, grâce à leur emplacement, pour agir contre le même but ; aussi sont-elles placées, pour le combat d'artillerie, sous les ordres d'un officier supérieur, quoiqu'elles n'appartiennent pas au même secteur. Quand il est question, au contraire, de repousser un assaut, elles agissent dans la direction de la batterie de même numéro, par conséquent, d'une manière divergente. On pourrait nous objecter qu'il vaudrait peut-être mieux déplacer les batteries 14 R et 16 R ou donner aux secteurs une composition différente, mais il n'y a absolument aucun motif pour justifier ce changement, car si l'on place momentanément sous un seul commandement des batteries appartenant à des unités différentes, cela n'empêche nullement les commandants des secteurs de remplir leur mission. Ils connaissent déjà à l'avance quelles sont les positions d'artillerie qui seront placées sous leur commandement, à cause de leur emplacement et au moment de l'assaut. Si les batteries 14 et 16 étaient attachées au premier secteur, le deuxième en serait privé, quand il faudrait agir dans les directions de Vernéville : c'est précisément ce que nous avons voulu éviter, afin de pouvoir renforcer le secteur ouest.

Les batteries nᵒˢ 2 et 4 forment groupe ; il en est de même des nᵒˢ 8 et 10, tandis que le nᵒ 6 est destiné à renforcer tantôt les deux premières, tantôt les deux dernières. La batterie nᵒ 12 peut appuyer avec le même avantage le groupe de droite, nᵒˢ 8 et 10, ou celui de gauche, nᵒˢ 14 et 16.

Pour ce qui concerne les postes d'infanterie, les nᵒˢ 1 et 3 avec les deux compagnies de réserve sont placés sous le commandement de leur chef de bataillon ; le poste nᵒ 5 et sa compagnie de réserve forment un demi-bataillon ; les postes nᵒˢ 7 et 9 avec deux compagnies de réserve constituent un bataillon normal ; enfin le poste nᵒ 11 et 2 compagnies forment un petit bataillon. Mais cela n'exclut pas que le commandant de régiment peut disposer aussi autrement des réserves de ses 4 bataillons.

Il nous paraît superflu de donner une description plus détaillée de l'emplacement des positions : celles-ci sont indiquées d'une manière suffisamment claire sur la carte en relief.

Nous convenons volontiers que le terrain que nous avons choisi peut être utilisé d'une manière différente de la nôtre ; mais toujours est-il que le choix que nous avons fait, peut suffire pour résoudre les situations de combat de ce front.

Le secteur OUEST embrasse les positions cuirassées 14, 16, 18, 20, 22 et 24, les batteries de réserve de même numéro, 6 postes avancés, les ouvrages d'infanterie 13, 15, 17, 19, 21 et 23 et 9 compagnies de réserve.

Il correspond à peu près au groupement normal du front cuirassé de la fig. 1, tout au moins en ce qui concerne les lignes de cuirassements, car les emplacements des compagnies de réserve sont situés plus en avant. Ils ne pouvaient pas être établis près des batteries de repli; ils devaient être plus en arrière et comme ces batteries sont déjà très-éloignées, l'espace qui les séparerait de la ligne de combat serait trop considérable et l'on ne pourrait pas songer à ce que ces troupes de réserve arrivent à temps à l'ouvrage d'infanterie. D'ailleurs, la configuration du terrain permet de placer ces réserves en avant, car elle présente de bons couverts.

Ce secteur possède une force spéciale à cause de la nature excellente du terrain situé en arrière, c'est-à-dire le plateau de Plappeville. On y trouve un espace illimité où l'artillerie de position peut choisir des emplacements qui sont généralement plus élevés que le terrain qui les précède. Grâce à la coupure profonde de la vallée de Montveau, la ligne avancée de l'aile gauche se trouve dans des conditions très-avantageuses pour la construction d'abris sur des versants cachés à l'ennemi. D'ailleurs, nous devons dire que si l'on veut profiter de ces positions, tout le front ouest est entièrement avantagé par la nature du terrain et que l'assaillant y serait exposé à de rudes épreuves.

En vue du combat d'artillerie, les ouvrages 14 et 16, 18 et 20, puis 22 et 24 ont été réunis en groupes, qui peuvent se soutenir réciproquement.

Pour ce qui concerne les positions d'infanterie, les nos 13 et 13 R, 15 et 15 R, 17 et 17 R forment chacun un bataillon. Le n° 19 possède une compagnie de réserve. Le n° 21 est laissé isolé : il constitue avec les nos 23 et 23 R un bataillon normal. Là aussi la réserve des nos 15, 17 et 19 peut être tenue réunie à proximité de la batterie 18.

Cette réserve de secteur est logée, en grande partie, dans des abris, puisqu'il n'y a pas de localités habitées. Même Châtel St Germain ne peut plus servir de logement aux troupes, dans le cas où l'attaque principale de l'ennemi est dirigée sur ce secteur et les compagnies de réserve qui s'y trouvaient, sont déplacées sur le versant au nord de Lessy et trouvent un bon soutien dans les batteries 22 R et 24 R.

Le front cuirassé possède sur tous les autres systèmes de fortification l'avantage de la mobilité. Les changements de position des batteries pendant la durée du combat peuvent s'effectuer avec facilité, si c'est nécessaire. Pour les cuirassements mobiles, il suffit de préparer le déblai, de les charger sur avant-trains et de les conduire au nouvel emplacement. Les cuirassements sont prêts à ouvrir le feu. Les bouches à feu de position ont, dans tous les cas, un degré de mobilité plus grand, car elles peuvent se passer de la cuirasse. Le changement de position comporte le déplacement des plateformes, ce qui peut se faire sans difficultés, parce que la batterie s'établit en arrière de la crête. L'infanterie elle même peut se déplacer ; mais comme elle ne peut pas emporter ses casemates bétonnées, elle les remplace par des abris improvisés avec tranchée-abri à proximité. L'obusier cuirassé conserve seul son immobilité *pendant le combat*. Sous le feu de l'ennemi, nous ne pouvons pas le démonter, le charger sur voitures et le remettre en action. Mais avant et après l'écrasement de l'attaque d'artillerie, ce déplacement est possible, chaque fois que les circonstances exigent que l'on tire un meilleur parti de la configuration du terrain ou que l'on reconnaît qu'une faute a été commise dans le premier choix de la position. Tout cela est impossible pour le *fort cuirassé*.

Le secteur SUD-OUEST, en arrière du ravin de la Mance, dispose des positions cuirassées 26, 28, 30, 32 et 34, de leurs batteries de réserve et de 9 batteries d'enfilade isolées. Il faut y ajouter les ouvrages d'infanterie 25, 27, 29, 31, 33, 35, 37 et 39 et 8 compagnies de réserve.

Dans ce secteur, nous nous écartons du système du front cuirassé en ce sens, c'est que nous plaçons des postes d'infanterie à la ligne avancée, ce qui est d'ailleurs contraire à nos principes. Cette exception est motivée par la présence du ravin de la Mance, qui se trouve en avant du noyau de la position et qui peut être regardé pour ainsi dire comme un fossé de fortification du plateau de Rozérieulles, créé par la nature et ayant besoin, par conséquent, d'une défense particulière.

De même que le Mont St. Quentin pour la ceinture actuelle des forts, ce plateau constitue pour notre front cuirassé un des éléments ayant le plus de valeur et, pour le front ouest de la place, son importance ne consiste que dans la hauteur de Plesnois (380), près de la route vers St. Privat. Les ingénieurs de l'ancienne école auraient garni avant tout ces deux points de groupes de forts et négligé tout le terrain intermédiaire, comme étant peu important, quoiqu'un point dominant n'acquière réellement de la force par la fortification que si le terrain qui le précède, ses points d'appui de flanc et ses communications en arrière sont complètement assurés. Le versant ouest de ce ravin de la Mance doit être transformé en contrescarpe. La défense n'exécutera pas de sorties de ce côté-là; elle choisira des endroits plus avantageux. Il s'agit donc d'empêcher l'irruption de l'ennemi, en lui opposant une barrière infranchissable. Tout le versant doit être déboisé jusque tout près de la crête ; on conserve aux troncs des arbres une hauteur de quelques pieds au-dessus du sol et l'on transforme l'espace du terrain à proximité du ruisseau en un réseau impénétrable de fil de fer sur une largeur de 50 mètres. La défense est assurée par 4 ouvrages d'infanterie et une compagnie de réserve et par 20 cuirassements mobiles, qui sont placés à partir des ailes le long de la barrière de fil de fer ainsi consituée et qui occupent en certains endroits les positions d'infanterie. Nous nous écartons ici de nouveau du principe de la séparation de l'artillerie et de l'infanterie; mais il y a lieu de ne pas perdre de vue que ces ouvrages et ces cuirassements ont à remplir le même rôle et n'entrent en action que pour repousser l'assaut.

Le type normal de ces ouvrages d'infanterie a été appliqué dans la fig. 51 sous la forme d'une redoute de campagne moderne dont les flancs se présentent comme parties indépendantes. La fig. 52 représente une lunette pour garnison mixte, dans le cas où les cuirassements mobiles sont remplacés par des canons de campagne.

Cette garnison du ravin de la Mance aura peu à souffrir du feu d'artillerie de l'assaillant. En arrière d'elle sont situés 4 ouvrages cuirassés qui dominent de 20^m, en moyenne, les positions opposées de l'ennemi. De plus, la largeur du plateau permet un déploiement d'artillerie plus favorable. Il n'en est pas de même de l'étroit plateau de St Quentin, avec lequel nous l'avions comparé précédemment.

Mais quelques gens nous diront : à quoi tout cela peut-il servir, si, après l'assaut du ravin de la Mance, le plateau n'est plus à l'abri d'une attaque de vive force ?

Soyez sans crainte à ce sujet et laissons ce soin aux batteries cuirassées. Admettons pour un moment que malgré l'accès difficile vers le fond du ruisseau, malgré l'obstacle opposé par les réseaux en fil de fer et malgré le feu des cuirassements et de l'infanterie, le ravin de la Mance soit tombé au pouvoir de l'ennemi. Dans ce cas, l'assaut est à recommencer. Les ouvrages établis sur la crête ont leurs propres obstacles, ils possèdent une puissance d'artillerie indépendante et sont soutenus par les batteries de réserve. Ils repoussent ici l'assaillant avec leurs propres forces. C'est alors que les obusiers sont en état de se réemparer du ravin, d'obliger l'ennemi à battre en retraite et de fournir aux troupes de réserve le moyen d'occuper de nouveau la position évacuée.

La fortification du plateau pourrait aussi s'exécuter d'une autre manière, sans tenir compte de la présence du ravin de la Mance, en établissant sur la hauteur et à 300 ou 400^m en avant des ouvrages-noyaux, un obstacle large et impénétrable. On épargnerait ainsi un bataillon d'infanterie et 20 cuirassements mobiles. L'irruption de l'ennemi dans le ravin serait difficile, parce qu'elle doit se faire par le hauteur de Gravelotte, qui est vue de la défense et qui peut être éclairée la nuit.

Nous donnons la préférence au premier système.

Une autre particularité se présente dans le secteur sud-ouest, c'est la présence d'un poste détaché sur le plateau de Gorgimont : il constitue la tête de pont d'Ars. Cette batterie 34 reste quand même en bon contact avec le front principal, qui forme ici un angle rentrant et elle ferme l'intervalle.

Quoique la position puisse paraître un peu faible, elle rend cependant de bons services à la défense ; d'abord, pendant le combat d'artillerie, elle pousse l'ennemi à la consommation de ses munitions ; puis, au moment de l'assaut, le feu concentrique des lignes débordant en arrière lui fait éprouver des pertes considérables, à un endroit dont il peut finalement s'emparer, mais où il ne saurait se maintenir longtemps sous le feu croisé des batteries 28, 30, 32, 36, 38 et 40.

Pendant le combat d'artillerie, les ouvrages 26, 28, 26 R, 28 R, puis 30, 32, 30 R, 32 R, ainsi que les batteries intermédiaires sont placés sous un seul commandement ; l'ouvrage 34 reste indépendant.

Les bataillons sont formés de la manière suivante : l'ouvrage 25 avec 3 compagnies, le n°s 27, avec 2, les n°s 29 et 31 ensemble avec 2 et les n°s 33, 35, 37 et 39 avec une compagnie de réserve seulement.

Le front sud.

Il embrasse les hauteurs de St. Blaise et depuis Jouy-aux-Arches jusqu'à Haute Rive sur la Seille son développement est de 7 *kilomètres.*

La fortification de ce front comprend :

6	batteries	centrales avec	12	obusiers cuirassés et 18 canons cuirassés ;
6	»	de réserve »	6	»	»	12	»	»	;
5	»	d'enfilade »	—			10	»	»	;
15	»	de position»	—			60 bouches à feu de gros calibre.

Total : 18 obusiers de 12ᶜ, 40 canons de 5ᶜ, 7 et 60 b. à f. de gros cal.

L'artillerie agissant à découvert se compose de : 12 obusiers de 12ᶜ, 24 de 15ᶜ, 12 mortiers de 21ᶜ, 4 canons de 12ᶜ et 8 de 15ᶜ. La proportion est ici différente, parce que ce secteur peut contribuer à la défense vers l'ouest et vers l'est.

Nous y trouvons ensuite 6 ouvrages pour l'infanterie avec 6 compagnies et autant comme réserve.

L'armement se compose donc de 32 batteries avec 118 bouches à feu et la garnison de 6 ouvrages pour l'infanterie avec 3 bataillons.

Le front sud dispose des positions cuirassées 36, 38, 40, 42, 44 et 46, des batteries de réserve de même numéro et de 5 postes avancés, ensuite des ouvrages d'infanterie 41, 43, 45, 47, 49 et 51 et de 6 compagnies de réserve.

Il n'est pas nécessaire de subdiviser ce front en secteurs, car il ne renferme pas plus de batteries que chacun des secteurs du front ouest. Mais il est également réparti en groupes.

L'un de ces groupes est formé par les positions cuirassées 38, 40, 42 40 R et 42 R ; son flanc droit est appuyé par le groupe 36, 36 R, 38 R ; le flanc gauche par 44 et 46 et le réduit est constitué enfin par les batteries de repli 34 R, 44 R, 46 R, dans le cas où les positions sur les hauteurs venaient à être emportées, à la suite d'un assaut.

L'infanterie est divisée en 3 bataillons normaux ; le premier occupe les ouvrages 41 et 43 et tient 2 compagnies en réserve : elles sont destinées à renforcer, le cas échéant, le nᵒ 45. Le deuxième garnit les ouvrages 45, 47, 49 et 51. Quant au troisième, il reste en réserve dans le bois d'Orly.

Le front sud est éloigné de 10 kilomètres de la cathédrale et distant de 5 kilomètres environ du fort Prince Auguste de Wurtemburg. La distance est un peu plus grande, mais il n'y a pas moyen d'agir autrement, si l'on veut rester maître des hauteurs de St. Blaise, qui constituent la seule position dans la direction du sud et qui doivent être absolument englobées dans le front cuirassé, car elle servent déjà à couvrir le flanc gauche au plateau de Rozérieulles. Pour la ceinture actuelle des forts, ces hauteurs constituent une position d'attaque dangereuse, étendant ses vues dans le noyau de la forteresse.

Dans cette zône nous avons dû également nous écarter essentiellement de la répartition normale de la fig. 1. Au centre, les ouvrages d'infanterie ont été fortement retirés, même en arrière des batteries de réserve; à l'aile droite, l'artillerie cuirassée et l'infanterie sont massées en un groupe fermé. Cette disposition était nécessaire. Si, contre toute attente, l'assaut devait réussir, le sommet nord des hauteurs de St. Blaise formerait la dernière position d'où l'on pourrait s'opposer à l'enlèvement du front sud. C'est pour ce motif qu'on y emploie toute la réserve de la zône. L'aile gauche peut être occupée plus faiblement, parce qu'elle trouve sa réserve dans le fort.

Il peut se faire qu'aucune des batteries 38, 40, 42 n'utilise les mamelons, mais s'en sert en quelque sorte comme traverse, pour se protéger contre le feu d'enfilade. Nous croyons que, dans la plupart des cas, un mamelon isolé de peu d'étendue peut être plus efficacement défendu par les ailes qui s'y rattachent que par lui-même et qu'on peut même l'utiliser comme station d'observation.

Si nous plaçons aux endroits les plus élevés quelques groupes de simulacres de cuirassements, construits en bois avec cuirasse en tôle de fer, nous réussirons certainement à y attirer bon nombre de projectiles ennemis, qui seront perdus pour l'assaillant, dès qu'il entame le tir contre les vraies batteries.

Le front est.

Il comprend les environs du plateau de Ste. Barbe et son développement est de 22 *kilomètres*, comptés depuis Pouilly sur Seille jusqu'à Malroy sur la Moselle et en n'y comprenant pas la fortification détachée de Ste. Barbe.

La fortification (y compris le poste avancé de Ste. Barbe) se compose de :

20 batteries centrales avec 40 obusiers cuirassés et 60 canons cuirassés ;

21	»	de réserve	»	21	»	»	» 42	» » ;
21	»	d'enfilade	»				» 43	» » ;
30	»	de position	»				120 b. à f. de gros cal.	

Total : 61 obusiers de 12^c, 145 canons de 5^c, 7 et 120 b. à f. de gros cal.

L'artillerie agissant à découvert se compose de :

24 obusiers de 12^c, 48 de 15^c, 24 mortiers de 21^c, 12 canons de 12^c et 12 de 15^c.

Nous y trouvons, en outre, 18 ouvrages d'infanterie avec 18 compagnies et une réserve de 22 compagnies.

Tout cela correspond à un armement de 90 batteries avec 326 bouches à feu et à une garnison de 10 bataillons pour 18 ouvrages d'infanterie.

Le front est se divise en secteur sud-est (depuis la Seille jusques et y compris la route de Courcelles à Metz), en secteur est (au nord d'Ars-Laquenexy jusques et y compris Noisseville), en secteur nord-est (depuis Servigny jusque Malroy sur Moselle) et en position détachée de Ste Barbe avec le front Cheuby-Avancy).

LE SECTEUR SUD-EST renferme les positions cuirassées 48, 50, 52, 54, 56, 58, 60 et 62, les batteries de réserve de même numéro et 10 postes avancés ; en outre, les ouvrages d'infanterie 53, 55, 57, 59, 61, 63 et 65 et les 6 compagnies de réserve y attachées. De même que les autres secteurs, il forme le développement du front de combat pour le fort situé en arrière (Goeben). Mais quelle différence dans la puissance tactique de cette répartition des batteries sous forme de colonnes et celle sous forme d'échelons ! Les lignes les plus avancées peuvent être détruites par le feu de l'ennemi et leur conservation directe peut être rendue impossible à l'assiégé ; il ne s'en suit cependant pas qu'une brèche a été pratiquée dans la position. La ligne de réserve est encore debout et c'est elle qui empêche l'assaillant de prendre possession de la ligne qu'il a réduite par son artillerie. Si l'assaillant réussit néanmoins plus tard à s'y fixer, l'assiégé a profité également du temps de répit, pour préparer à sa ligne de réserve primitive une position de repli, grâce à l'artillerie de position et à l'infanterie. Pour le secteur qui nous occupe, l'assiégé trouve cette position, à l'aile droite, sur la hauteur 186 pour renforcer 48 R et 50 R ; sur le versant Magny-Bevoye (180, 200, 220), pour renforcer 52 R et 54 R ; cette position avait été utilisée déjà auparavant par l'artillerie de position. L'infanterie transforme le côté sud du village de

Magny en un nouveau point d'appui. Le fort sert de deuxième ligne
à 56 R et 58 R et le bois de Borny à 62 R. L'infanterie organise
défensivement le village de Grigy, mais se tient prête, comme à
Magny, en dehors du village, protégée par des abris.

Lorsque dans les autres systèmes de fortification par des forts cuirassés et une ligne de batteries intermédiaires, les projectiles ennemis ont
détruit un fort et ses lignes de raccordement, la brèche est faite et il existe
une trouée que l'on ne peut pas fermer si rapidement comme dans le
front cuirassé, car ici on a prévu à l'avance la perte d'un élément et son
remplacement par les batteries de réserve.

Si la ligne de ce secteur devait être fortifiée d'après le système de Brialmont, elle recevrait deux forts, l'un au Haut-Guenot (219) et l'autre sur
la hauteur Mercy (251). Indépendamment des batteries intermédiaires
dont nous faisons également usage sous le nom d'artillerie de position,
ce sont là deux buts sur lesquels l'assiégeant peut concentrer le feu, tandis que dans le front cuirassé et dans le même rayon, ce feu devra être
réparti sur 26 batteries cuirassées et 9 buts d'infanterie (chaque logement des réserves étant considéré comme un ouvrage).

Pour faciliter le commandement dans cette partie du front, les batteries 48 et 50, 52 et 54, 56 et 58, 60 et 62, ainsi que les postes de repli qui
leur sont assignés pour l'assaut, et les organes d'observation qui les précèdent ont été réunis en groupes.

LE SECTEUR EST renferme les positions cuirassées 64, 66, 68, 70, 72,
les batteries de réserve de même numéro et 3 postes avancés ; en outre,
les ouvrages d'infanterie 67, 69, 71, 73, 75 et 8 compagnies qui y sont
attachées.

Cette zône nous conduit sur un terrain qui est très-différent des secteurs décrits précédemment. Si nous avons eu l'avantage jusqu'ici de
dominer le terrain antérieur, grâce au front que nous avons choisi, il
n'en est plus de même maintenant, car le terrain va en pente ascendante
dans la direction de l'ennemi, jusqu'à une distance de 5 kilomètres. Comme nous le verrons plus loin, cette circonstance nous a engagé à détacher un groupe cuirassé spécial au point le plus élevé du plateau de Ste
Barbe.

Si l'on examine la situation de plus près, on trouve que les inconvénients qui augmentent ici pour l'assiégé, ne sont pas aussi grands qu'à
première vue.

Si nous occupions une position vis-à-vis de laquelle, à une distance de 2 kilomètres déjà se trouverait une hauteur plus élevée, séparée de notre position par une vallée et permettant de voir ce qui se passe chez nous, la situation serait certes dangereuse. Mais il n'en est pas ainsi. Le secteur est n'est pas coupé de vallons parallèles à notre front et pouvant fournir des couverts à l'assaillant, sur le versant qui nous est opposé. Les vallons sont perpendiculaires à la ligne de défense et visibles des batteries cuirassées.

Ensuite le terrain ne s'élève pas brusquement, mais il suit une pente douce d'environ 1^m pour 100^m, souvent de 0^m,50 seulement. En d'autres termes, ce ne sont pas des mamelons qui se dressent devant nous, mais une plaine qui s'élève successivement et qui n'est coupée transversalement de vallons qu'à la distance de 4 à 6 kilomètres, aux environs de Glattigny-Sillers-Colligny. Mais l'assaillant qui s'approche à 2 ou 3 kilomètres du front cuirassé, peut être observé plus facilement que les groupes cuirassés déjà établis.

Il existe toujours de grandes difficultés pour cacher la préparation d'une position d'artillerie sur le versant antérieur d'une élévation, car les terres ne peuvent pas être rejetées en arrière du versant, comme cela se passe pour les crètes d'ondulations, et si on les utilise pour former des épaulements, ceux-ci se détachent fortement sur le terrain environnant.

Le secteur est possède une défense avantageuse par l'infanterie dans ses points d'appui au ruisseau de Vallières et une bonne ligne de réserve sur la rive gauche de ce cours d'eau; enfin l'artillerie de position trouve un excellent emplacement sur la hauteur Belle-Croix.

Pour le combat d'artillerie, les batteries 64 et 66, 70 et 72, 64 R, 66 R, 68 R, 70 R, sont placées sous des commandements uniques, mais séparés. La batterie 68 sert de trait d'union aux groupes précédents et la batterie 72 R établit la liaison avec la zone voisine.

LE SECTEUR NORD-EST comprend les positions cuirassées 74, 76, 78 et 80, les batteries de réserve de même numéro et trois postes avancés à l'aile gauche, ensuite les ouvrages d'infanterie 77, 79, 81 et 3 compagnies de réserve.

Si l'assaillant ne s'occupe pas de la position avancée de Ste Barbe ou s'il s'en est emparé, il faut que l'aile droite soit également renforcée par quelques batteries d'enfilade.

Pour la direction du combat d'artillerie, il suffit de répartir les batteries en 2 groupes comprenant l'un, les batteries élevées 74, 76, 74 R et 76 R et l'autre, les positions 78, 80. 78 R, 80 R situées plus bas.

La croupe des hauteurs à proximité de la batterie 76 R, le bois de Grimont et le fort Manteuffel fournissent au secteur nord-est une force extérieure très-grande. A droite, il se trouve en bon contact avec le secteur est et à gauche, il est appuyé à la Moselle. Le bord de la vallée commande ici partout l'autre rive (de 30ᵐ à la batterie 80 R). Il était donc permis de considérer la vallée de la Moselle qui s'étend ici, comme un intervalle ouvert, puisque'elle peut être placée sous le feu croisé des batteries 80, 80 R, 2, 2 R, 4, 4 R, 6, 6 R.

L'infanterie de ce secteur se compose de 2 bataillons à 3 compagnies dont le premier occupe les 3 ouvrages et le second, la ligne de réserve.

Nous tenons à faire remarquer à ce sujet d'une manière formelle que nos troupes de garnison ne comportent pas une organisation spéciale en bataillons d'inégale force. Nous employons dans cette fortification de Metz, d'environ 60 kilomètres de front, 24 bataillons. Mais tous les secteurs n'ont pas la même importance et il en est de même des groupes. L'un exige une garnison plus forte et une réserve plus grande que l'autre. Nous ne pouvons pas faire autrement que de donner 2 bataillons au premier et 1 bataillon seulement au second, sans cela il ne nous resterait plus rien à répartir entre les autres fronts. Nos ouvrages possèdent, en outre, une garnison d'une compagnie et non d'un bataillon.

Comme réserve de secteur, nous leur donnons autant qu'il paraît nécessaire. Si c'était possible, et l'exemple en est fourni à certains endroits, nous laisserions le bataillon entre les mains de son commandant. On pourrait d'ailleurs diminuer le nombre des groupes et le faire correspondre au nombre de bataillons, mais on doit tenir compte d'autres considérations qui exigent le groupement des régiments.

Voyons quelle est la mission de l'infanterie de réserve. Dans la bataille en rase campagne, nous la laissons unie pour exécuter un retour offensif sur un front déterminé. Dans la fortification, nous nous en servons pour repousser le passage de l'ennemi, qui peut s'exécuter en un ou plusieurs points, non connus à l'avance, et sur un périmètre de 60 kilomètres. Nous devons donc être prêts à nous opposer partout à ce passage tout au moins avec une petite réserve, logée à proximité. La forte réserve rend de bons services lorsque l'action de l'ennemi est dirigée précisément contre la position qu'elle occupe ; elle n'est d'aucune utilité, lorsque le chemin qu'elle doit parcourir, pour venir au secours de la position menacée, est trop long. La réserve de régiment n'aurait donc aucune valeur pour nous, car elle se trouve éloignée de 12 kilomètres. Notre principe consiste à former une réserve de bataillon : si le nombre des troupes ne le permet pas, nous nous contentons de 3, de 2 et même d'une seule compagnie. La carte montre clairement les emplacements et les positions de combat à proximité des batteries de repli. Nous avons indiqué par des flèches vers quels ouvrages le commandant de bataillon doit diriger ses troupes, dès qu'il s'aperçoit que leur intervention est nécessaire. Ce serait une erreur de croire que nous comptons absolument sur cette réserve pour pouvoir assurer la défense des ouvrages, car il pourrait se présenter souvent qu'à cause du long chemin qu'elle a à parcourir, cette réserve arrivât trop tard.

C'est pour ce motif, c'est-à-dire pour permettre à la compagnie de garnison de se suffire, que les points d'appui d'infanterie à couvert ont été protégés par des obstacles, qui les entourent entièrement. Mais ces ouvrages doivent être construits de manière à présenter l'espace voulu pour le déploiement de ces réserves.

Si un bataillon ne compte que 3 compagnies, c'est que la 4ᵉ a été détachée comme garnison indépendante d'un ouvrage ou comme 5ᵉ compagnie du bataillon voisin.

Nous n'avons pas encore fait connaître la répartition de l'infanterie dans le secteur sud-est et dans le secteur est. Les ouvrages 53, 55, 57 et les réserves, à Magny et à Grigy, forment des bataillons à 3 compagnies. Les ouvrages 59, 61, 63, 65 et les réserves dans le bois de Colombey et à Vantoux constituent des bataillons à 4 compagnies. Enfin, les ouvrages 67, 69, 71, 73 et 75 comprennant un bataillon à 5 compagnies.

LE FRONT DÉTACHÉ DE Sᵗᵉ BARBE embrasse les positions cuirassées 82, 84, 86, les batteries de réserve de même numéro, la batterie n° 88 R et 5 batteries d'enfilade, puis les ouvrages d'infanterie 83, 85, 87 et 5 compagnies de réserve. La batterie 84 se trouve à 12 kilomètres de la cathédrale et à 5 kilomètres du front cuirassé ; elle est établie au point le plus élevé du plateau et peut plonger des vues au sud et au nord dans les lignes de l'assaillant.

Nous connaissons les avantages et les inconvénients de ces postes avancés. Ils arrêtent l'approche immédiate de l'assiégeant, donnent à la forteresse l'étendue voulue, permettent des vues dans les positions ennemies et empêchent celles de l'adversaire dans les nôtres ; mais d'un autre côté, ils donnent lieu à un éparpillement des forces, sont difficiles à défendre, parce qu'ils sont enveloppés, sont facilement enlevés et produisent ainsi une influence démoralisante sur la garnison du noyau.

Malgré les inconvénients, nous avons cru devoir recommander l'établissement de ce front détaché. Il est constitué par la batterie 31, mais dans des conditions excessivement favorables, car elle ne peut pas être enveloppée par l'ennemi. Une seule batterie n'aurait pu suffire à la défense du plateau de Ste Barbe ; elle se trouvait en l'air et ses communications avec le noyau seraient coupées au premier mouvement de l'adversaire, tout-à-fait comme s'il s'agissait d'un fort cuirassé isolé. C'est pour ce motif que nous avons construit un solide front cuirassé, composé des trois positions 82, 84, 86 et de leurs éléments intermédiaires, avec échelons en arrière et deux ailes s'appuyant à la position principale et bien favorisées par la nature du terrain. S'il n'y avait pas ces couverts de flanc, qui donnent à la position une largeur de 4 kilomètres, les communications avec le fort Manteuffel ne seraient pas assurées.

N'oublions pas de dire que la fortification du front intérieur n'a pas été négligée. Si les batteries de Ste Barbe venaient à être enlevées, l'ennemi trouverait directement en arrière d'elles les positions cuirassées 74, 76, pendant que leurs lignes de raccordement (70, 72 à droite, 78, 80 à gauche) rendraient l'attaque concentrique du front détaché très-difficile.

Pour le combat d'artillerie, les 3 batteries centrales et leurs postes de repli sont placés sous un seul commandement. Les batteries des ailes doivent être considérées comme éléments intermédiaires indépendants.

L'infanterie se compose de 2 bataillons. Elle occupe trois ouvrages et 5 compagnies de réserve se tiennent prêtes à l'extérieur, mais dans le voisinage immédiat. Les points d'appui d'infanterie 83 et 87 sont donc défendus, en cas d'assaut, par trois compagnies, le n° 85 par deux.

Aperçu de la ligne combinée de fortification.

Dans la description de chacun des secteurs, nous avons intercalé à dessein des remarques de détails au sujet du caractère du front cuirassé, afin de pouvoir éviter la répétition des numéros des batteries dans

11

l'aperçu d'ensemble et pouvoir renvoyer à l'exemple donné pour chaque groupe. Il ne nous reste donc plus qu'à esquisser la situation générale.

Le front cuirassé de Metz s'étend de Malroy sur la Moselle vers les hauteurs de Fèves et de Saulny; il traverse, au sud d'Amanvillers, la vallée de Montveau pour aboutir au plateau de Rozérieulles et aux passages de la Moselle à Ars. Il monte ensuite les hauteurs de St Blaise, puis descend dans la direction de Cuvry sur Seille et continue vers Mercy-le-Haut, en profitant des ondulations de Magny et de Peltre. A partir de là, il suit les hauteurs des deux versants du ruisseau de Vallières et se dirige au nord vers la traverse de Villers l'Orme, étend ses ramifications vers le plateau de Ste Barbe, se plie le long des contreforts au bord de ce plateau et aboutit, à Malroy, à la rive ouest de la Moselle.

Cette ligne représente une longueur totale de 55 kilomètres et, en y comprenant le détachement de Ste Barbe, son développement atteint 60 kilomètres.

En fait d'artillerie, la fortification comprend :

I. front ouest :	51 ob. cuiras.	135 canons cuiras.	120 b. à f. de gros c.
II. front sud :	18 »	»	40 »	»	60	»
III. front est :	61 »	»	145 »	»	120	»
Total :	130 »	»	320 »	»	300	»

Ces 750 bouches à feu sont réparties en 43 batteries centrales à 5 cuirassements, en 44 batteries de réserve à 3 cuirassements, en 48 batteries d'enfilade à 2 cuirassements et en 75 batteries de position à 4 bouches à feu.

L'infanterie est subdivisée comme suit :

I. front ouest :	20 ouvrages comprenant 11 bataillons ;
II. front sud :	6 »	»	3	»	;
III. front est :	18 »	»	10	»	;
Total :	44 *ouvrages* comprenant *24 bataillons*

dont 11 forment la garnison des ouvrages et 13 constituent les réserves des secteurs.

Comme nous l'avons vu au chapitre II, les trois tours de service exigent 54 artilleurs pour une batterie centrale, donc 2322 hommes pour les 43 batteries. Pour une batterie de réserve, le nombre des artilleurs est de 30 : il faudra donc 1320 hommes pour les 44 batteries. Les 48 batteries d'enfilade demandent un personnel de 1008 hommes, à raison de 21 canonniers par batterie. Nous obtenons ainsi 4650 artilleurs et, en y ajoutant le personnel des commandements des groupes, des secteurs et des fronts, nous arrivons à 5000 hommes pour l'artillerie cuirassée.

Quant à l'artillerie de position, que nous considérons comme réserve, nous comptions par bouche à feu 5 canonniers et un chef de pièce, c'est-à-dire 12 artilleurs pour les 2 tours de service : ce qui fait 3600 hommes pour les 300 bouches à feu. Il convient d'y ajouter 1100 soldats du train et canonniers de réserve et 300 militaires de tous grades pour les états-majors de batteries, de régiments et de brigades. Total général : 5000 hommes pour l'artillerie de position.

Pour les services auxiliaires, la cavalerie, les pionniers, le service de santé, l'administration, etc., il faut ajouter 1/6 environ à nos calculs précédents.

Le front cuirassé de Metz avec un développement de 60 kilomètres est armé de :

130 obusiers cuirassés à tir rapide, démontables ;
320 canons cuirassés à tir rapide, mobiles ;
300 bouches à feu de position de gros calibre.

Total : 750 *bouches à feu* et environ 30000 *fusils* pour l'infanterie, les pionniers et les 2e et 3e tours de service de l'artillerie.

La *garnison* est répartie de la manière suivante :

1. Etat-major central.	200	hommes
2. Artillerie cuirassée	5000	»
3. Artillerie de position.	5000	»
4. Infanterie	24000	»
5. Pionniers	2000	»
6. Cavalerie	2400	»
7. Service sanitaire	1000	»
8. Troupes d'administration	400	»
	40.000	hommes

Comme garnison des forts, on peut employer les canonniers des 2e et 3e tours de service, qui sont au repos, c'est-à-dire 6000 hommes et environ 3 bataillons de réserve: il y aurait donc à déplacer 12 des 52 compagnies de réserve indiquées sur la carte.

Un camp retranché de l'importance de la place de Metz exigeait encore pour ce front cuirassé dont le développement est double de l'étendue actuelle, une *division, comme réserve générale.* Celle-ci, appuyée par les réserves des secteurs, remplace l'élément offensif et doit être pourvue d'artillerie de campagne.

Le nombre des troupes combattantes se trouve donc porté à plus de 50 000 hommes; c'est à peu près 1 homme par mètre courant de ligne de défense.

En se contentant de 40 000 hommes, on a quand même prévu, pour les sorties, la formation d'une réserve principale, qui serait composée de 12 bataillons au moins de réserves des secteurs et des bouches à feu de position de moindre calibre; car, dans le front que nous avons adopté, il se trouve en présence de l'ennemi 1600 hommes de service dans 135 batteries cuirassées et 11 000 hommes dans les 44 ouvrages d'infanterie. Il suffisait, comme réserve, indépendamment des batteries de repli: 200 bouches à feu de position et 1400 hommes. Ce qui fait un total de 14000 hommes ou un tiers du corps d'armée de la place.

La garnison des forts, 5000 hommes, la garde de la ville, 4000 hommes, et 2000 non combattants étaient prélevés sur les deux autres tiers (26 000 hommes). Il restait disponibles 15 000 hommes d'infanterie, de cavalerie et d'artillerie de campagne. Il n'est pas possible de réduire davantage la force de la garnison, car on n'obtient avec 40 000 hommes qu'un combattant par 1,50ᵐ de développement. Toujours est-il que nos exigences sont moindres que dans les autres systèmes de fortification. Si l'on voulait, dans l'état actuel de la place de Metz, compter un homme par 1,50ᵐ, la garnison totale pour les 26 kilomètres ne reviendrait qu'à 18000 hommes, tandis qu'il en faut incontestablement 24 000.

Choix du front d'attaque.

Les principes de construction de chaque place sont connus de l'assiégeant, avant qu'il n'entreprenne le combat d'artillerie. Même quand il s'agit de constructions improvisées, les reconnaissances préliminaires l'ont renseigné sur l'étendue des positions choisies et il connaît celles-ci au moins tout aussi bien que nous les avons décrites dans notre étude générale. Il possède ainsi trois facteurs dont il doit tenir compte dans le choix du front d'attaque :

1. la ligne approximative de la position de défense ;
2. la nature du front cuirassé : elle lui donne une idée de la charpente des batteries ;
3. la configuration du terrain avancé et celle du terrain en arrière lui sont fournies par l'examen de la carte.

Il peut donc savoir si la ligne de fortification a été renforcée indirectement par la nature du terrain ou si ce renfort a été obtenu, grâce à une augmentation du nombre des bouches à feu.

La contrée à l'ouest de la Moselle.

Si l'on examine le front ouest, en tenant compte des considérations qui précèdent, on s'aperçoit immédiatement que son enlèvement présenterait des difficultés extraordinaires. Les hauteurs de Fèves, de Plesnois et de Saulny dominent, au centre, les positions de l'assiégeant et le plateau de Plappeville leur fournit, dans la direction des routes d'Amanvillers et de St. Privat jusqu'en arrière vers la ligne des forts, des positions de réserve successives.

Le flanc droit, dans la direction de la vallée de la Moselle, est couvert par les échelons prédominants de Semécourt ; le flanc gauche, par le plateau de Rozérieulles et le ravin de la Mance, qui le précède et qui est à l'abri d'une attaque de vive force. Les premiers barrent les routes qui se dirigent vers le nord ; les seconds, celles de Gravelotte-Verdun et Pont-à-Mousson.

L'attaque par l'artillerie serait repoussée ici le jour de l'ouverture du feu et si l'assiégeant, favorisé par le voisinage des places de Mézières, Verdun et Toul, qui peuvent servir de gîtes d'étapes, parvenait à réunir un nouveau matériel et à percer la ligne, ses efforts viendraient échouer devant la résistance des positions de retraite des forts.

On pourrait nous demander pourquoi nous avons besoin d'étendre la fortification cuirassée, si le groupe ouest des forts présente déjà une si grande puissance. Mais ces avantages ne se réalisent que lorsque le front cuirassé détaché a infligé déjà à l'assiégeant des pertes considérables en personnel et en matériel d'artillerie et après qu'il a réduit ses approvisionnements en munitions. S'il n'en était pas ainsi, si la ceinture des forts avait dû engager immédiatement le combat contre les forces supérieures de l'assaillant, sa valeur eût été de beaucoup diminuée.

La contrée entre la Moselle et la Seille.

L'attaque du front sud, qui trouve un solide appui aux trois sommets des hauteurs St. Blaise, est tout aussi difficile.

Il est vrai que si l'ennemi avait réussi quand même à faire brèche dans ce front, le fort St Privat, qui est situé plus bas, ne fournirait pas les mêmes avantages; mais alors l'action de ce fort serait remplacée par le feu d'enfilade des batteries établies à Vaux et à Queuleu et le fort St Quentin, grâce à la Moselle qui le précède, constitue, au centre, un front de réserve invincible dans la direction du Sud.

La contrée à l'est de la Moselle.

Sur la rive est de la Moselle, la configuration du terrain ne se présente pas dans d'aussi bonnes conditions pour la défense. Nous le considérons comme le front d'attaque probable de l'assiégeant et c'est pour ce motif que nous avons cherché à le renforcer considérablement par de l'artillerie.

Le transport du matériel de siège est facilité par les lignes de chemin de fer qui se dirigent d'Epinal-Toul-Nancy à Remillies-Courcelles, en passant par Morhange ; et, au nord, par St Avold à Metz.

De plus, les positions de l'assaillant sur les versants qui se dirigent en pente douce du plateau de Ste Barbe vers l'ouest dominent, en général, celles de la défense. Cet inconvénient ne se présente cependant pas pour le raccordement depuis Cuvry jusqu'à Ars-Laquenexy, tout au moins pour les positions plus rapprochées de la place. C'est pour ce motif que le front cuirassé n'a été détaché de ce côté qu'à 7 1/2 kilomètres environ de la cathédrale, tandis qu'il s'étend jusqu'à 10 kilomètres à l'ouest et au sud. Si l'on avait conservé les mêmes dimensions au rayon, la position dominante d'Orny ne se serait trouvée qu'à 2 kilomètres en avant du front, tandis que maintenant elle en est trop éloignée, pour pouvoir exercer une influence dangereuse sur la défense.

La situation est bien plus mauvaise dans la direction du nord-est et c'est pourquoi nous avons tenu à la corriger par le front détaché de Ste Barbe. Si ce poste avancé venait cependant à tomber sous les efforts de l'assiégeant, il aurait eu quand même l'avantage de signaler à temps l'exécution de l'attaque principale qui s'y serait préparée, de la retarder et de permettre à la défense de renforcer les lignes situées en arrière, avant que le combat proprement dit ne se soit dessiné. Il pourrait même arriver que l'assaillant, en cherchant à envelopper la position détachée, éprouvât par le tir d'enfilade des lignes de raccordement des pertes tellement considérables, qu'il ne serait plus à même d'entreprendre la lutte contre la ligne fermée du front principal.

Toujours est-il que l'assiégeant devra chercher à percer le front cuirassé sur la rive est de la Moselle, parce qu'il serait beaucoup plus difficile d'y faire brèche à l'ouest et au sud.

En donnant au camp retranché un développement de 55 à 60 kilomètres, le siège de la place est devenu très-difficile.

Admettons que tout le front est soit percé, que l'ennemi se soit emparé de la ceinture des forts et que, par ce fait même, le front sud n'ait plus de consistance, alors le front ouest avec l'obstacle, la Moselle, qui le précède à l'est, constitue encore à lui seul une forteresse, qui l'emporte en étendue et en force de résistance sur les constructions actuelles.

Il est vrai que la ville serait complètement perdue, mais le noyau de la place reste entre les mains de la défense, car le mont St Quentin a la même importance que Metz et la possession ou la chute de cette place sont subordonnées au maintien ou à la perte de cette position.

Pour pouvoir en conserver la clef, il était nécessaire d'étendre le front ouest et d'occuper les positions que nous avons désignées.

IV.

Préparation de la forteresse pour la guerre.

Le parc à cuirassements et son transport.

Les affûts cuirassés, pour autant qu'ils ne sont pas installés à demeure en style permanent, sont déposés à l'intérieur de la place et nous nous en servons, d'après les circonstances, comme matériel pour la construction de places fortes. comme train de siège ou pour l'armement des places improvisées en pays ennemi.

Au parc à cuirassements appartiennent :

1o les canons cuirassés mobiles de 5ᶜ, 7 avec le 1ᵉʳ approvisionnement en munitions ;

2o les obusiers cuirassés transportables de 12ᶜ avec le 1ᵉʳ approvisionnement en munitions ;

3o les matériaux de revêtement pour les emplacements des cuirassements ;

4o le matériel pour la construction des abris en tôle ondulée ;

5o des rouleaux en spirales de fil de fer pour obstacles ;

6o le matériel pour les voies ferrées de campagne.

Tout ce matériel, avec les accessoires nécessaires, doit être parfaitement assorti et se trouver prêt à être chargé avec facilité.

Chaque secteur de la forteresse reçoit donc, suivant son étendue, des magasins spéciaux.

Au front ouest, nous avons besoin de 3 de ces magasins, savoir :

pour le secteur nord-ouest, aux forts de Woippy et de St Eloy;

pour le secteur ouest, au fort Plappeville ;

pour le secteur sud-ouest, près des forts du Mont St Quentin.

Le matériel du front sud est parqué au fort St. Privat.

Au front est sont attribuées 4 places de dépôt :

pour le secteur sud-est, au fort Queuleu ;

pour le secteur est, au fort des Bordes ;

pour le secteur nord-est, au fort St Julien et à proximité, un deuxième dépôt pour le front détaché de Ste. Barbe.

Si les ouvrages ont été construits en fortification permanente, les rouleaux en fil de fer pour les fossés d'obstacles sont remisés à proximité dans des baraques provisoires, afin de se trouver à l'abri des influences atmosphériques.

Les troupes de garnison de l'infanterie et de l'artillerie doivent parfaitement connaître leur service, pour que l'ordre de la mobilisation du parc ou de la formation d'un train de siège puisse être exécuté sans grandes difficultés.

Nous avons fait connaître antérieurement les cuirassements à employer : il nous suffira donc d'y ajouter quelques renseignements.

Le poid total de *l'obusier cuirassé de 12ᶜ, transportable et à tir rapide,* est de 18000 kilogrammes.

La calotte a un diamètre de 2,2ᵐ et se compose de deux parties : la plaque supérieure pèse 1900 kg. et la plaque inférieure, 1550. Son épaisseur est de 0,100ᵐ.

L'avant-cuirasse, formée de 4 parties pesant chacune 1530 kg. a un diamètre extérieur de 2,8ᵐ.

La substruction a une hauteur de 3,2ᵐ et se trouve partagée en 2 étages à 2,2ᵐ et à 1ᵐ. Le magasin peut contenir 600 projectiles.

La portée efficace de l'obusier est de 5800ᵐ, la rapidité du tir de 10 à 15 coups à la minute.

Le cuirassement possède une bouche à feu de réserve, le remplacement se fait en 10 minutes.

Le service comporte 3 canonniers.

Toutes les parties sont numérotées : le montage commence par le n° 1 et finit par le numéro le plus élevé.

Pour monter le cuirassement, on se sert d'un chariot de transport, d'une chèvre avec moufles et de 2 bouts de rails de chemin de fer. Il résulte des expériences qui ont été faites que, lorsque tout le matériel est en place, 6 travailleurs bien exercés peuvent faire le montage en 2

12

heures. Nous comptons un jours en employant 7 hommes au montage et 18 au transport (voir tableau I).

Le *canon cuirassé de 5c, 7, à tir rapide et mobile*, constitue toujours une tourelle complètement montée et prête à ouvrir le feu.

Le poid total de la pièce, du chariot de transport à 4 roues et de 120 projectiles est de 3700 kg.

L'attelage se compose de 6 chevaux.

Pour le transport, le cuirassement peut être démonté en deux parties :

1e voiture : poids de la voiture : 1100 kg., calotte cuirassée : 1200 kg., 40 projectiles : 120 kg. Total : 2400 kg.

2e voiture : poids de la voiture : 1100 kg., substruction : 900 kg., canon : 180 kg ; 80 projectiles : 240 kg. Total : 2400 kg.

La hauteur intérieure du cuirassement est de 2m pour canonniers debout ou assis Le service se fait par 2 hommes. Jusqu'ici la hauteur n'était que de 1m, 60 L'augmentation de poids de la substruction a été évitée, en coupant obliquement l'avant-cuirasse (voir fig. 7 et 10).

Le magasin de la substruction renferme 120 projectiles.

La portée efficace de la bouche à feu est de 5000m.

La rapidité du tir est de 20 à 30 coups à la minute.

Pour mettre la pièce en batterie et hors de batterie, on fait usage de petits rails de chemin de fer comme plateforme. Il résulte d'expériences qui ont été faites que ce travail peut s'effectuer par 7 hommes en une demi-heure de temps. En tenant compte des circonstances imprévues, nous estimons que l'installation peut se faire par 7 hommes en une demi journée de temps.

Le *matériel en tôle ondulée* pour le revêtement des cuirassements établis en fortification de campagne doit se trouver à l'état de préparation en plaques de différentes dimensions. Une plaque q'un mètre carré et (en y comprenant les accessoires) coûte 16 marcs. Pour chacun des canons cuirassés, il faut 4 plaques d'un mètre de largeur sur 3 de longueur : ce qui fait 12 mètres carrés au prix de 192 marcs.

Pour les obusiers cuirassés, il faut par cuirassement 6 plaques d'un mètre de largeur et de 4.50m de largeur, ce qui fait 27 mètres carrés au prix de 432 marcs.

Pour les abris, il faut par mètre courant six mètres carrés de tôle ondulée en deux plaques, y compris les accessoires, pour le prix de 90 mars. Un homme est à même de construire journellement 3 mètres courants, en moyenne, d'abri ondulé

Les *rouleaux en spirales de fil de fer* pour les fossés d'obstacles sont fabriqués en fer laminé de 5ᵐ d'épaisseur et de 3ᵐ de largeur. Leur diamètre est de 30 à 40 centimètres; le pas de l'hélice est de 45°. Le rouleau pèse 1 kilogramme Ils sont réunis par 40 pièces, de manière que 2 hommes puissent les transporter.

Ces 40 spirales fournissent 1 mètre courant d'obstacle. On les enroule, par 10 pièces, de manière à former deux rangées superposées que l'on établit à demeure par un système d'ancrage en fer. ..

Dans les fortifications permanentes, les fossés sont plantés d'arbustes et les spirales y trouvent un solide appui. Si le matériel est déposé à proximité, un homme peut facilement placer 120 rouleaux ou 3 mètres courants d'obstacles.

Quand il s'agit de la fortification de campagne, nous ne comptons que sur 2 mètres courants. D'ailleurs, le procédé que l'on emploie pour la construction des réseaux est différent. Les spirales eont placées dans le fossé suivant toutes les directions, dans le sens de la longeur, obliquement, couchées et debout. Une deuxième rangée est superposée ensuite. Ces réseaux n'acquièrent de la consistance et de la fixité que par l'effet du tir de l'ennemi. Dès qu'une solution de continuité se produit, on la ferme en y lançant de nouveaux rouleaux. C'est pour ce motif, que pour tous les fossés nous en avons gardé un grand nombre en réserve. Quand il s'agit d'une construction irrégulière de cette nature et d'un fossé de 20ᵐ de largeur, un seul homme peut construire en un jour 4 à 5 mètres courants de réseaux

Le transport du matériel a lieu au moyen de voitures ou par voies ferrées, telles qu'on les utilise dans tous les grands travaux de chemins de fer, de voirie et de constructions hydrauliques.

Si le terrain est difficile, on profite de ces chemins de fer pour transporter de lourdes charges et cette opération s'exécute beaucoup plus rapidement avec des forces restreintes en hommes et en chevaux qu'avec des voitures attelées et sur une bonne chaussée.

Il résulte de l'expérience que sur des routes empierrées la résistance produite par le frottement est 5 fois aussi grande que sur une voie ferrée ; sur les chemins de terre, elle est 16 fois aussi forte Si l'on tient compte, en outre, qu'un kilomètre de rails peut être posé, en moyenne, en une heure de temps, on comprendra facilement quels grands avantages les voies ferrées peuvent présenter pour le transport rapide du lourd matériel de guerre.

Les rails pour ce genre de chemins de fer se trouvent disponibles dans chaque parc et comme la distance de ce dernier aux batteries est de 4 à 5 kilomètres, il s'ensuit que les lignes principales peuvent être construites en un demi-jour Le transport du matériel, qui présente de grandes difficultés dans d'autres circonstances, est donc considérablement facilité.

Un kilomètre de voie avec de fortes traverses pesant 30 kg. coûte 5000 marcs et une voiture double, 500 marcs. Huit lignes radiales comportent 40 kilomètres de voie et les raccordements obliques, 60 kilomètres. Il faut, en outre, 600 voitures doubles ou 1200 voitures simples environ. Comme les distances ne sont pas considérables, ces derniers nombres pourront être fortement réduits, car les voitures retournent au bout de peu de temps et peuvent faire plusieurs voyages par jour.

Pour de plus amples renseignements, prière de consulter l'excellente brochure du lieut colonel autrichien Tilschkert, intitulée : « *les chemins de f r transportables pendant le service de la guerre* » *Vienne 1889*.

L'armement du front cuirassé.

SYSTÈME ADOPTÉ POUR LA CONSTRUCTION. Il est évident que nous ne pouvons pas fortifier, d'après le style improvisé, une position qui possède une *étendue aussi considérable*, comme l'indique notre carte de relief.

Son emplacement dans le voisinage immédiat de la frontière s'y oppose déjà Si l'ennemi, informé de nos projets, se présente à l'improviste devant la place, immédiatement après la déclaration de la guerre, ou annonce le commencement des hostilités par le bruit de canon, il serait trop tard pour construire le front détaché d'après la méthode de campagne.

Il s'ensuit que, pour le choix de ces positions, le terrain doit avoir été déboisé sur une grande étendue, car cela s'est fait d'ailleurs dans tous les systèmes de fortification. Nous ne pouvons pas établir les ouvrages ni les batteries au milieu des bois et ceux-ci ne peuvent pas non plus en être rapprochés de trop près.

Si nous sommes donc obligés, à Metz, de préparer le front cuirassé dès le temps de paix, il n'est cependant nullement nécessaire que la construction soit achevée dans tout son ensemble.

La forteresse rendra des services beaucoup plus grands, si elle est construite, en partie, en style demi permanent et, en partie, en style improvisé ; car, en agissant ainsi, tout au moins une partie des ouvrages reste inconnu de l'ennemi.

La fortification permanente se réduit à la construction des batteries centrales, des batteries d'infilade et de la moitié des points d'appui pour l'infanterie.

La fortification de campagne, qui ne doit être appliquée qu'au moment où la guerre éclate, embrasse l'établissement des batteries de réserve, le reste des positions pour l'infanterie et les batteries de position.

Parmi les postes d'infanterie à fortifier de cette manière, on peut désigner les n⁰ˢ 1, 3, 5, 9, 13, 15, 19, 23, 27, 29, 31, 41, 45, 49, 53, 55, 59, 61, 65, 69, 73, 77, 79 et 85, donc 24 ouvrages, et l'on peut supposer que les 20 autres ont été construits en style permanent.

C'est seulement dans le courant du combat que nous sommes autorisés à renforcer certaines zônes par d'autres ouvrages improvisés.

Si l'assaillant dirige son attaque principale contre le plateau de Ste Barbe, nous retirons des batteries centrales et des batteries de réserve du front ouest un nombre considérable de cuirassements mobiles, dans le but de protéger les lignes menacées.

Mais tous les travaux entrepris jusqu'à ce moment portent absolument le caractère de la fortification de campagne.

MATÉRIEL ET ÉVALUATION DES DÉPENSES. Le tableau XI de l'annexe donne, sous forme de comparaison, un aperçu des dépenses pour une fortification complètement préparée.

Si la fortification a été exécutée en style permanent, les frais sont de 25 millions ; ils sont réduits à 21 millions, si l'on a appliqué le style demi-permanent et demi-improvisé.

Dans les deux cas, nous avons besoin de 450 affûts cuirassés.

En fortification permanente, un cuirassement coûte, en moyenne, 56000 marcs ; en fortification mixte, le prix n'est que de 47000 marcs.

Dans l'ancienne fortification, une bouche à feu établie à découvert sur les remparts revenait, en moyenne, à 75000 marcs.

450 bouches à feu de remparts coûteraient donc 34 millions et si elles étaient réparties en 15 forts, elle ne produiraient pas le même effet que les 450 affûts cuirassés, car nous aurions partout un intervalle ouvert de 4 kilomètres.

Dans le *front cuirassé*, *1ᵐ courant d'obstacles revient à 50 marcs* (y compris les travaux de terrassements, les réseaux en fil de fer, les rouleaux de réserve).

Dans *l'ancienne fortification*, *1ᵐ courant d'obstacles coûte 500 marcs* escarpe et contrescarpe en maçonnerie).

Le front cuirassé coûte moins cher sous le rapport de l'effet du feu et des obstacles. Il peut donc, à ce double point de vue, mettre plus de moyens en œuvre.

Si, à la place des 15 anciens forts, nous avions construit 15 forts cuirassés, armés de 150 affûts cuirassés de toute espèce, l'énorme masse de béton porterait la dépense à 45 millions, c'est-à-dire à peu près le double de ce que coûte notre projet.

Malgré ces grands frais, l'effet produit par ces 15 forts cuirassés serait bien moindre que celui que l'on peut attendre du front cuirassé.

Ces forts présentent à l'ennemi 15 cibles visibles au loin, tandis que les 180 positions pour l'artillerie et l'infanterie constituent 180 buts que l'on distingue à peine.

En outre, les forts absorbent à peu près la moitié des ressources disponibles pour la création des couverts et 1/4 seulement pour la force de l'artillerie, tandis que dans notre système, nous affectons la moitié des ressources à l'artillerie et le 1,4 pour la construction des couverts. La dépense pour les obstacles est d'un quart dans les deux systèmes.

TEMPS ET TRAVAILLEURS. Nous avons établi précédemment que 40000 hommes de toutes les armes étaient nécessaires à la défense du camp retranché.

De ce nombre 25000 hommes doivent être présents dans la place, comme garnison permanente du pied de paix, et ne pas appartenir à l'armée de campagne. Ces troupes doivent être employées comme garnison et, dans le cas d'une campagne heureuse, comme corps de siège.

Le commᵗ de la place dispose donc, au moment de la mobilisation, des troupes suivantes :

                    14000 h. d'infanterie ;
                    6000 » d'artillerie ;

> 2000 h. de cavalerie ;
> 1000 » des pionniers ;
> 2000 » des armes auxiliaires.

Total : 25000 hommes.

Le plan de défense désigne au commencement du combat :

pour le *front Ouest* :   2 bataillons d'artillerie cuirassée ;
                 2 » » de position ;
               11 » d'infanterie ;

pour le *front Sud* :   1 bataillon d'artillerie cuirassée ;
                 1 » „ de position ;
               3 bataillons d'infanterie ;

pour le *front Est* :   2 bataillons d'artillerie cuirassée ;
                 2 » » de position ;
              10 » d'infanterie.

Ce plan de défense est en concordance avec celui de l'armement et il en résulte que chaque bataillon connaît son groupe et chaque compagnie, ses batteries.

Les régiments de cavalerie conservent les rayons pour lesquels ils ont été désignés et dans lesquels ils ont à requérir la population civile. Ils est décidé à l'avance combien de centaines de ces gens ils ont à conduire à l'emplacement des travaux, dès que la mobilisation est décrétée.

Les troupes fournissent les 2/3 de leur personnel, soit 16000 hommes en chiffres ronds, pour les travaux de l'armement.

Nous croyons que le nombre des ouvriers requis par les régiments de cavalerie et de ceux recrutés dans la ville peut être estimé à 12000 hommes.

L'armement du front cuirassé provisoire comprend d'abord 43 batteries centrales et 48 batteries d'enfilade, ainsi que 20 ouvrages pour l'infanterie, qui ont été établis en style parmanent, puis 44 batteries de réserve et 24 points d'appui pour l'infanterie, qui doivent être construits.

Voici dans quel ordre les travaux doivent être exécutés :

Préparation de guerre de la fortification :

1. Etablissement des réseaux en fil de fer et armement des bat[ies] d'enfil. ;
2. » » » » » centr. ;
3. » » dans 24 ouvrages pour l'infanterie ;

4. Approvisionnement de tous les cuirass^{ts}, en munitions de rechange ;

5. Dégagement du champ de tir ;

6. Etablissement du service des renseignements ;

Préparation de guerre de la fortification de campagne :

7. Construction des voies ferrées de campagne ;

8. » des 44 batteries de réserve ;

9. » des 24 autres ouvrages pour l'infanterie ;

10. Etablissement des batteries de position ;

11. » du logement de l'infanterie de réserve ;

12. Travaux auxiliaires et

Préparation de guerre de l'ancienne ceinture des forts.

Les travaux d'armement doivent être exécutés dans l'ordre qui précède, de manière à commencer par le travail le plus important et non par celui qui peut être exécuté ultérieurement.

Dès que l'ordre de mobilisation a été donné, les compagnies d'infanterie des trois brigades se rendent à l'emplacement des batteries désignées, et y déposent leurs armes et leur paquetage. Elles établissent pour ainsi dire leur bivac à l'endroit des travaux et peuvent être appelées sous les armes par les postes de sûreté, n'importe à quel moment.

L'artillerie de campagne va occuper les positions de combat qui lui ont été assignées, dans le but de protéger les travaux ; elle bivaque à proximité avec les pièces chargées.

L'artillerie cuirassée, l'artillerie de position, les pionniers et le personnel du train se rendent au parc dans chaque secteur.

Les régiments de cavalerie lèvent les hommes appartenant à la landsturm et les conduisent aux places de rassemblement, puis de là aux travaux.

La 4ᵉ brigade et les autres troupes non employées servent de réserve et assurent le service intérieur.

Toutes les troupes de la garnison entrent en action au même moment et cependant elles sont prêtes à combattre, puisque, d'après l'ordre de mobilisation, elles ont été désignées pour les positions de combat les plus importantes.

L'organisation de ces masses présenterait de grandes difficultés, si elle devait être entreprise seulement en ce moment. Il en résulterait certainement des malentendus dans la distribution des ordres et des à coups dans leur exécution. Mais l'ordre d'armement a déterminé déjà en temps de paix chacun des travaux et indiqué de la manière suivante la place à occuper par chaque homme :

	2000 hommes I. classe : artillerie, 43 détachements à 45 hommes *(batteries centrales)*.

16.000 hommes à partir du 1er jour
- 2000 hommes I. classe : artillerie, 43 détachements à 45 hommes *(batteries centrales)*.
- 2000 » II. classe : artillerie, pionniers, train, 8 détachements à 250 hommes *(secteurs)*.
- 6000 » III. classe : moitié artillerie et moitié infanterie, 43 détachements à 140 hommes *(batteries centrales)*.
- 6000 » IV. classe : infanterie, 48 détachements à 120 hommes (*batteries d'enfilade*) réunis plus tard en 24 détachements à 240 hommes (*ouvrages pour l'infanterie*).

12000 hommes à partir du 2e jour
- 4000 hommes V. classe : landsturm, 43 détachements de 100 hommes environ rattachés à la III. classe.
- 6000 » VI. classe : landsturm, 24 détachements de 250 hommes environ rattachés à la IV. classe.
- 2000 » VII. classe : landsturm, 8 détachements de 250 hommes environ rattachés à la II. classe.

Le premier jour, la I. classe transporte 225 cuirassements mobiles dans les batteries d'enfilade et centrales.

La II. classe pose les rails de la voie ferrée de campagne.

La III. classe s'occupe des réseaux en fil de fer pour les batteries centrales.

La IV. classe établit les obstacles des batteries d'enfilade et achève le travail le même jour.

Déjà à midi, les bouches à feu cuirassées sont prêtes pour exécuter le tir.

Le deuxième jour, la I. classe dégage le champ de tir de toutes les cultures qui peuvent gêner la vue.

La II. et la VII. classe transportent le matériel à l'emplacement des batteries de réserve cuirassées.

13

La III. et la V. classe achèvent la construction des réseaux en fil de fer aux batteries centrales.

La IV. et la VI. classe commencent la construction des obstacles pour les ouvrages permanents d'infanterie et finissent ce travail au soir.

La préparation de guerre de la fortification permanente est ainsi terminée: il n'y a plus qu'à la compléter par les constructions de campagne, travail qui commence le troisième jour.

La I. classe transporte d'abord aux batteries les munitions de réserve.

La II. et la III. classe transportent du matériel aux ouvrages pour l'infanterie.

La III. et la V. classe entament la construction des batteries de réserve. Comme il y a 240 hommes disponibles pour chaque batterie, ce travail s'effectue en trois jours.

La IV. et la VI. classe commencent la construction des ouvrages pour l'infanterie et achèvent ce travail en quatre jours, 500 hommes sont affectés à chaque ouvrage.

Le quatrième jour, la I. classe prépare l'emplacement des bouches à feu de position. La II. classe continue le transport du matériel aux places de travail.

Les autres troupes s'occupent, comme nous le savons, de l'exécution des ouvrages improvisés.

Le cinquième jour, continuation des mêmes travaux.

La III. classe achève la construction des batteries de réserve jusqu'au soir.

Le sixième jour, la III. et la V. classe se chargent de l'emplacement des batteries de position et de leur approvisionnement en munitions.

La IV. et la VI. classe travaillent jusqu'au soir et achèvent les ouvrages improvisés pour l'infanterie.

Le septième jour, la IV. et la VI. classe travaillent à la construction des abris pour l'infanterie de réserve.

Ce n'est qu'à partir de ce moment que l'on procède à l'armement des forts. Ceux-ci forment une ligne de réserve que l'on ne doit pas placer en état de défense avant le commencement du siège.

Il reste 9000 hommes en réserve et 4000 hommes (II. classe) sont disponibles à partir du cinquième jour pour les travaux accessoires.

Le tableau suivant donne une idée approximative du degré d'avancement des travaux.

Colonnes principales de travailleurs	1r jour	2e jour	3e jour	4e jour	5e jour	6e jour	7e jour	8e jour
6000 hommes III. classe 4000 » V. »	43 batteries centrales (permanentes)		44 batteries de réserve (improvisées)			Batteries de position		Forts
6000 hommes IV. classe 6000 » VI. »	48 bat. d'enfil. (permanentes)	20 ouvr. pour l'infant. (perm.)	24 ouvrages pour l'infanterie (improvisés)				Abris pour l'infanterie de réserve	

Toute la construction du front cuirassé exige 8 jours; mais, à la fin du premier déjà, les batteries centrales et les batteries d'enfilade peuvent commencer le combat.

On pourrait nous objecter que nous avons disposé de la garnison dans une proportion trop grande ; mais il y a lieu de ne pas perdre de vue que nous considérons les troupes que nous avons employées, exclusivement comme corps de forteresse et le premier soin de ces troupes doit être de mettre en action les moyens de combat qu'elles ont à leur disposition.

EMPLOI DU MATÉRIEL DE LA PLACE DE METZ POUR LA CONSTRUCTION D'UN FRONT CUIRASSÉ IMPROVISÉ. Si le siège n'a pas lieu, parce que l'armée de campagne victorieuse transporte le théâtre de ses opérations en pays ennemi ou s'il a dû être levé, à cause de l'approche d'une armée de secours, alors les cuirassements mobiles constituent un excellent moyen pour garantir les succès remportés par l'armée, et servent de points d'appui aux corps détachés. Exemples : Orléans et Dijon pendant la guerre de 1870-1871. Mais ces places n'auront jamais l'étendue que nous avons proposée pour la fortification cuirassée de Metz.

D'ailleurs, ce serait irrationnel d'adopter un front de plus grand développement, si l'on ne dispose pas de moyens suffisants en matériel et en vivres.

Au tableau XI, nous avons établi, à titre de comparaison, un parc de ce genre dans lequel on n'aurait pas besoin d'éléments nouveaux et dont le matériel pourrait être emprunté au front cuirassé provisoire déjà existant.

Ce parc comprend 200 affûts cuirassés et suffit amplement pour fortifier une place ayant un développement de 30 kilomètres.

En appliquant l'ancien système de fortification, il ne serait pas possible de construire une place en fortification improvisée en peu de temps : cette place ne serait pas en état de rendre de bons services.

Dans les tourelles du front cuirassé, on a déjà remplacé différentes choses qui exigeaient antérieurement des constructions spéciales. L'affût cuirassé comprend en même temps l'emplacement de la pièce, la plateforme, le magasin à projectiles et l'abri. Il suffit de pratiquer le déblai pour l'emplacement du cuirassement et le travail principal de l'ouvrage fortifié est terminé. Le reste consiste à construire des obstacles du côté de l'ennemi et des abris en arrière, pour le logement des troupes du 2ᵉ et du 3ᵉ tour de service et de l'infanterie.

Les forteresses de l'ancien système, construites en fortification improvisée, n'ont presque jamais pu être achevées, à cause de l'emplacement élevé que devaient occuper les pièces et à cause du fossé profond qui le précédait. Il fallait six fois plus de temps pour les construire et elles étaient loin d'avoir la même valeur que celles de notre système. Le fossé creusé dans la terre n'offrait pas les mêmes avantages que nos réseaux en fil de fer et les pièces ne possédaient pas la cuirasse en acier, pour les garantir contre le tir plongeant.

Considérations finales.

Influence de la critique.

Nous avions l'intention d'abord d'examiner la critique que les revues militaires compétentes ont consacrée à nos propositions de fortifications, et de faire connaître les motifs qui nous ont guidé en publiant « *l'attaque et la défense des fortifications cuirassées modernes* ». Nous renonçons pour le moment à cet examen approfondi et nous présentons d'abord ce nouveau projet.

En ce qui concerne l'emploi des cuirassements, la critique s'est prononcée d'une manière généralement très claire pour ou contre notre manière de voir. Mais il n'en a pas été de même, quand il s'est agi de l'exécution de l'attaque par l'artillerie et de la manière de la repousser : au lieu d'apporter des éclaircissements à la solution de cette question, on s'est écarté plus ou moins du vrai chemin et nous le regrettons. C'est pour ce motif qu'à la fin du chapitre II de cette brochure nous avons groupé succinctement nos idées à ce sujet et nous espérons que la critique trouvera ainsi l'occasion d'exprimer son opinion en ce qui concerne le grand combat d'artillerie.

On se plaint souvent de ce que la critique n'apporte aucun enseignement au promoteur d'une idée nouvelle. Nous croyons que l'étude de la fortification de Metz prouvera le contraire.

Nous avons modifié notre manière de voir en ce qui concerne les points suivants :

1. *Nous avons réduit de la moitié environ le nombre de nos cuirassements.* Il est vrai qu'on nous a objecté que le front cuirassé ne possède pas un degré de résistance suffisant. Mais d'autres considérations nous ont fait conclure qu'il n'en était pas ainsi et qu'il suffisait d'un nombre d'affûts cuirassés moindre. Après avoir mûrement examiné la chose, nous croyons pouvoir maintenir cette assertion.

2. *Nous avons concentré les cuirassements*, au moins en partie, pour former une batterie combinée dans laquelle les canons mobiles avancés servent en même temps d'observatoires aux obusiers situés en arrière. Nous avons ainsi facilité le commandement et réalisé une grande économie en cadres. Mais nous nous exposons à éprouver des pertes plus grandes que précédemment, dès que l'emplacement de la batterie est connu et se trouve sous le coup d'une grêle de projectiles.

La critique nous a autorisé à faire cette concentration : elle a combattu la possibilité de la conduite du feu dans notre système primitif. D'autres écrivains désiraient une séparation plus radicale pour empêcher l'effet des projectiles-torpilles. Ils disent avec assez de raison que, dans la guerre, la conduite du feu n'est possible que pour celui qui éprouve les moindres pertes ; le tir sera beaucoup mieux conduit, pendant les manœuvres, par celui qui aura étroitement groupé ses forces ; mais, devant l'ennemi, cet avantage devient illusoire, en présence des pertes considérables qui se produisent. Nous avons cependant tenu compte de premier de ces désirs, pour autant que notre système le permettait, et nous pouvions le faire d'autant mieux, parce que nos cuirassements mobiles ne sont pas étroitement liés au sol. Dès que nous croyons nous être trompés, il nous est facultatif, même avant l'ouverture du feu, de retirer des batteries centrales les deux cuirassements mobiles, de les employer dans les intervalles et de ne laisser dans la batterie que les deux obusiers et un affût cuirassé, comme poste d'observation.

3. *Nous avons rapproché davantage l'infanterie de la ligne principale.* Dans le premier système, elle était employée en arrière de la deuxième ceinture des batteries cuirassées; elle y était logée dans des abris couverts et occupait la tranchée-abri pour repousser l'assaut.

Cette situation ne plaisait cependant pas à la critique, car l'infanterie combattait auparavant sur le rempart des forts et elle était protégée contre un coup de main par le fossé profond de la place, tandis que maintenant elle se trouverait exposée en rase campagne. Il est vrai que quelques écrivains admettaient que, dans notre système, il ne pouvait pas être question pour l'infanterie d'une attaque par surprise, puisqu'elle serait avertie à temps par les lignes cuirassées avancées ; mais ils trouvaient qu'à cause de son éloignement du premier front, elle arriverait trop tard pour s'opposer au passage de troupes victorieuses.

Franchement, nous n'avons pu nous entendre sous ce rapport,

c'est à-dire de faire combattre, comme anciennement, l'artillerie et l'infanterie côte à côte. Nous les avons séparées, en leur laissant leur indépendance, partout où c'était possible.

Nous avons fait une exception à cette règle dans les fig. 51 et 52 qui représentent deux retranchements, l'un fermé, l'autre ouvert, mais occupés tous deux par l'infanterie et l'artillerie. Les flancs sont couverts, comme dans la fig. 23, par des échelons en retraite. C'est le seul moyen de s'opposer efficacement au mouvement enveloppant de l'ennemi. La solution que nous proposons dans notre système est conforme aux besoins actuels pour l'emploi des retranchements de campagne dans la guerre de siège.

Plus l'infanterie se trouve rapprochée des lignes extrêmes, moins son logement doit être éloigné de la place de combat ; les locaux qu'elle occupe doivent constituer directement une position de combat pouvant être défendue en même temps de front et latéralement. Nous croyons que l'ouvrage d'infanterie que nous avons proposé donne, sous une forme pratique, la solution à cette question.

Nous admettons parfaitement que si le tir à obus-torpilles de l'ennemi continue à être concentré sur les points d'appui d'infanterie, ceux-ci seront anéantis et leur garnison encore plus tôt. C'est pour ce motif que nous retirons l'infanterie des zônes qui sont battues par l'artillerie et que nous nous en servons dans le front de réserve, comme nous l'avons indiqué dans notre premier projet. Toujours est-il que dans les autres secteurs que l'ennemi ne fait qu'observer, ces ouvrages fourniront au noyau des batteries un soutien réel. Une partie des cuirassements qui s'y trouvent peut en être retirée, dans le but de renforcer un front fortement menacé, car l'attaque de vive force sera arrêtée par ces postes d'infanterie et par l'entrée en action des batteries de réserve.

Analogie avec le projet primitif de front cuirassé.

Telles sont les concessions que nous croyons pouvoir faire à la critique ; mais il ne nous est pas possible de répondre à quelques autres exigences. Celles-ci se rapportent à l'adoption de la formation en ligne et en colonnes à la place de la répartition échelonnée, à la construction d'emplacements artificiels et dominants pour les bouches à feu au lieu de profiter de la configuration du terrain et, enfin, à l'emploi de fossés plus profonds, pour remplacer les larges réseaux en fil de fer.

I. Examinons d'abord les derniers points, puisqu'ils se trouvent, d'ailleurs, en étroite liaison ; car le fossé profond est destiné en même temps à fournir les matériaux pour *l'emplacement dominant des bouches à feu.*

Personne ne contestera qu'il est indispensable de choisir une position d'où l'on puisse apercevoir tant soit peu l'ennemi ; mais elle doit être choisie et organisée de telle manière qu'elle ne soit pas reconnue de loin comme position d'artillerie ou d'infanterie.

Si, en terrain de plaine, nous nous établissons au niveau du sol, nous ne pouvons rien voir : il faut donc que l'on donne à l'emplacement de la pièce une certaine hauteur. En terrain varié, nous profitons des ondulations pour obtenir ce relief. Comme nous l'avons dit, les ouvrages de fortification du 18ᵉ siècle pouvaient impunément occuper des positions dominantes artificielles. Mais actuellement, elles constituent des cibles pour l'ennemi et l'effet de son tir ne nous permet plus d'observer ce qui se passe chez lui.

Beaucoup d'ingénieurs ont reconnu ces inconvénients et, dans la construction de nouveaux ouvrages en terrassements, ils en ont tenu compte, en diminuant la hauteur du parapet et en augmentant celle du glacis, afin de les soustraire aux vues éloignées de l'ennemi. Mais les constructeurs des forts cuirassés se sont de nouveau écartés de ce procédé. Puisque le canonnier qui observe et qui pointe dans la tourelle cuirassée, possède un champ visuel beaucoup moins étendu que celui qui fait le service à une bouche à feu placée à découvert et puisque les forts doivent avoir un champ de tir très-vaste, à cause des grands intervalles qui les séparent, ils ont cru pouvoir donner au fort un emplacement prédominant, d'autant plus que le cuirassement était à même de paralyser l'action des projectiles éclatant sur ces cibles. Nous savons que dans le tir à projectiles brisants, les choses ne se passent pas ainsi.

Le front cuirassé poursuit une idée tout autre. Pour racheter l'inconvénient du faible champ visuel, il cherche son salut dans l'emploi d'affûts cuirassés plus légers, qui coûtent moins cher et dont on peut faire par conséquent un plus large emploi. On peut ainsi, pour l'assaut, assigner à chaque pièce un front de combat moins étendu et dominer en même temps toute la zône.

Pendant le combat d'artillerie, il est préférable de faire usage du pointage indirect avec quart de cercle et échelle (dans les cuirassements, on se sert de l'appareil de pointage en hauteur et en direction). Le champ visuel n'entre donc pas ici en ligne de compte pas plus que pour les batteries à feux plongeants, qui tirent par dessus des couverts: les adversaires les plus acharnés des cuirassements devront également en convenir.

La bouche à feu qui est placée sur un haut parapet jouit du meilleur champs visuel, mais elle est vue plus facilement et anéantie plus rapidement par les bouches à feu de siège, du moment qu'elle est obligée de lutter avec celles-ci.

La batterie, placée à découvert sur le terrain, possède un champ visuel suffisant, mais elle n'est pas protégée contre les éclats des projectiles ennemis.

Le cuirassement qui est enterré jusqu'à la toiture a des vues plus limitées que la batterie précédente, mais on ne le découvre pas si rapidement; il résiste mieux au feu de l'ennemi et conserve ainsi plus long temps son efficacité.

Ce dernier avantage a surtout son importance, quand il s'agit d'assurer le maintien d'un poste.

2. *Le fossé*, qui sert à garantir une position d'infanterie ou d'artillerie contre une attaque de vive force, a l'inconvénient, pour la défense, de détacher cette position du terrain environnant et il y a lieu de ne pas perdre de vue que, tout en se couvrant, il faut se dérober aux vues de l'ennemi.

Voyons comment le fort et le front cuirassés se sont conformés à ces exigences. Le premier emploie le fossé profond et le second, le fossé plat et large.

Le fossé *profond*, qui entoure étroitement un ouvrage, trahit l'emplacement de ce dernier au dessus de l'horizon par la ligne de démarcation qui se forme entre l'escarpe et la contrescarpe.

Le fossé *plat*, qui est couvert jusqu'à hauteur de l'horizon de fil de fer et d'une espèce d'ouvrage en treillis, se perd au loin dans la campagne et, puisque l'ouvrage qu'il entoure en est assez éloigné et ne présente même pas d'éminences visibles, il est très-difficile de déduire des quelques contours apparents des réseaux en fil de fer où se trouve le noyau de l'ouvrage.

14

Le fossé profond exige beaucoup plus de temps pour sa construction que le fossé plat, garni d'obstacles. Il n'a de valeur que si la contrescarpe au moins forme un mur vertical, ce qui donne lieu à des frais considérables.

L'abandon du rempart élevé fit disparaître en même temps le fossé profond, car le déblai n'y est plus d'aucune utilité.

Les réseaux, formés de spirales en fil de fer, le remplacèrent au moment voulu; il sont peu sensibles au feu des projectiles-torpilles et peuvent être réparés très rapidement.

Ils sont plus visibles que la toiture des cuirassements mobiles et nous convenons volontiers que les réseaux qui entourent une batterie, font découvrir plus facilement son emplacement. Nous les avons cependant employés dans le but de donner, sur la carte, au front cuirassé le cachet d'un système nettement limité; mais, dans la pratique et en terrain varié, nous ferions usage bien plus souvent de la barrière d'obstacles avancée et déployée.

3. *Répartition échelonnée à la place de la formation en ligne ou en colonnes.* L'artillerie, qui est chargée d'occuper et de défendre un secteur de la forteresse, n'y trouve nulle part une ligne d'où elle puisse remplir toutes les missions qui lui ont été imposées: elle n'y rencontre que sa position principale. C'est pour ce motif qu'elle a besoin de postes détachés pour mieux découvrir le terrain avancé, pour s'opposer au passage des colonnes d'assaut et pour donner à temps l'alarme au front principal. Elle doit se créer en même temps en arrière une position de soutien, pour pouvoir provoquer la répartition du feu de l'ennemi, pendant le combat d'artillerie, et pouvoir remplacer immédiatement et, le cas échéant, un front noyau ébranlé.

Le développement linéaire des moyens de combat ne dispose pas de ces avantages. Ses partisans croient pouvoir assurer le mieux le maintien d'un front fortifié, qut serait exposé à l'attaque principale de l'ennemi, en donnant à une certaine ligne une force tellement considérable qu'elle ne puisse être percée. Mais il y a lieu de tenir compte des considérations suivantes. Une ligne si étroitement fermée est plus rapidement découverte par l'ennemi et lui sert de but. Il en résulte que les batteries qui sont chargées de la défendre, éprouvent les plus grandes pertes. L'ennemi cherchera à battre la ligne en brèche et à l'attaquer par les flancs.

Pendant l'assaut, il ne sera pas possible de la conserver intégralement (pour le front cuirassé, nous n'y avons pas compté non plus) et dès qu'elle aura été percée en un point, elle aura perdu sa cohésion. Ce qui lui manque, c'est la batterie de repli qui serait en état de diriger le feu sur la trouée faite par l'ennemi. Examinons maintenant la carte de Metz et demandons-nous s'il est possible de percer cette ceinture en n'imp rte quel point.

En ce qui concerne la formation en colonnes que le fort croit devoir adopter, nous nous résumerons en peu de mots. Il n'y a rien à objecter aux anciens ouvrages qui existaient avant l'introduction des canons rayés, se chargeant par la culasse ; ils sont là et, quoiqu'ils manquent complètement de mobilité, il faut les utiliser sous cette forme tant bien que mal. Mais il est incompréhensible qu'après l'introduction des obus-torpilles et après la connaissance que l'on possède de leur force destructive, on trouve encore des ingénieurs qui veuillent construire des forts cuirassés, espèces de bataillons carrés surannés, dont les colonnes immobiles servent de tombes à la garnison.

Les fondateurs de la nouvelle école de fortification.

Dans nos écrits précédents, nous avons déclaré que les cuirassements démontables et mobiles seraient capables de fournir encore, à la fin de notre siècle, un système de fortification spécial. C'étaient surtout les partisans de l'école Welitschkow qui ne voulaient pas en entendre parler et qui s'en déclaraient les adversaires. A leur point de vue, les cuirassements ont peu ou point de valeur et c'est pour ce motif qu'ils n'ont pas voulu reconnaître que les forts cuirassés de Brialmont constituaient une réforme pratique. Nous étions complètement de leur avis, mais d'autres motifs nous ont guidé dans notre manière de voir. Tandis qu'eux n'admettent que la bouche à feu placée à découvert ou protégée par la terre et le béton, nous trouvons nous que le cuirassement vaut mieux, mais nous rejetons son genre d'emploi, puisque nous ne pouvons pas nous servir de la colonne, comme formation tactique sous le feu de l'ennemi et la critique ne nous apprendra rien de meilleur sous ce rapport,

Il est intéressant de savoir qui furent les promoteurs de cette nouvelle idée.

Déjà en 1874, le major *Scheibert* publia un mémoire dans lequel il condamna les anciens forts et recommanda de remplacer ces réceptacles à projectiles par des ouvrages de campagne, peu visibles. Son travail sur « *les principes de la guerre de forteresse* » parut en 1879 et fut couronné par le gouvernement prussien. Quoique cet auteur ait ouvert la voie à la nouvelle école, ses idées manquaient cependant d'une base sûre. On n'avait pas encore trouvé le moyen de donner aux fortifications provisoires et improvisées la fixité et la stabilité voulues. [1])

En 1885, le général d'artillerie *von Sauer* se fit connaître comme réformateur de l'art de la fortification, au point de vue tactique. On faisait usage depuis longtemps, à cette époque, des affûts cuirassés, mais personne n'avait songé à les employer tactiquement c'est-à-dire de manière à ce que leur introduction et leur répartition pussent répondre au procédé de combat de l'armée. Tous les efforts tendaient à représenter la tourelle cuirassée comme renfort technique du fort. Dans son étude sur les « *recherches tactiques au sujet de nouvelles formes à donner à la fortification* », on trouve tous les germes pour la formation du front cuirassé. La fortification d'un front consisterait en plusieurs ceintures de cuirassements séparés entre eux, disposées sous forme d'échiquier. C'était la représentation de la répartition échelonnée, du système de réserve et de l'indépendance des éléments de la fortification.

Cette étude fournit l'occasion au lieut-colonel *Schumann*, le créateur des tourelles cuirassées modernes, de soumettre ses constructions à une réforme approfondie. Jusqu'à ce moment, il avait été partisan des forts cuirassés et il avait même conçu de nombreux projets. Mais il s'affranchit bien vite de cette idée et déjà en 1886 il réussit à donner une solution pratique à ce système de fortification, grâce à l'introduction de cuirassements démontables pour les pièces de combat et de cuirassements mobiles pour les bouches à feu d'assaut de petit calibre. Son système fut appliqué quelques années plus tard, en Roumanie, à la fortification de

---

1) Nous avons parlé du major Scheibert dans notre brochure « attaque et défense des fortifications cuirassées modernes » (page 44), mais nos informations ultérieures nous mettent en mesure de mieux préciser la chose.

la ligne du Séreth. Les batteries qu'il avait projetées à cette occasion se rapprochaient des idées du général von Sauer mais il ne réussit pas encore à ce moment à se dégager complètement des liens qui le rattachaient au fort cuirassé. Il existait un ouvrage fortement allongé, qui peut être considéré comme un moyen terme entre la batterie et le fort. Toujours est-il que l'invention des canons cuirassés mobiles et des obusiers cuirassés démontables permettait la réalisation des propositions du général von Sauer.

Ce que nous cherchons dans nos écrits, c'est d'adapter le système von Sauer-Schumann à une fortification de campagne, d'un usage pratique à la guerre, et il paraît que ce n'est pas sans espoir de succès.

L'art de la fortification dans son état actuel.

L'infanterie, la cavalerie et l'artillerie de campagne ont profité des enseignements des dernières guerres pour modifier leur tactique et pour l'adapter complètement à la situation nouvelle créée par les progrès réalisés dans la technique des armes. L'artillerie de forteresse considérée comme arme d'attaque, marcha aussi d'un pas passablement égal. Les ingénieurs seuls, c'est-à dire les constructeurs de forteresses, sont restés en arrière. A part quelques innovations sans importance réelle et l'adoption des forts cuirassés, sous prétexte de réduire les dimensions du but, voilà tout ce qu'ils ont pu produire, tactiquement parlant. D'où cela vient-il?

Nous croyons que si, pendant la guerre de 1870, la France, comme elle en avait l'intention, eût achevé les places fortes de Metz, Belfort (Toul-Verdun), nous serions plus avancés à l'heure actuelle.

L'attaque par la sape d'après l'ancienne méthode de Vauban n'aurait donné aucun résultat et le non-sens de vouloir remplacer les parallèles par des soi-disant positions d'infanterie aurait bien vite sauté aux yeux.

Nous connaissions un autre procédé d'attaque

Il est certain que la fortification des forts séparés par de grands intervalles, appuyée par une II. ligne située fortement en arrière, eût éprouvé à cette époque déjà une rude secousse, si un général, comme von Sauer, avait été chargé de l'attaque de Strasbourg et de Paris.

Nous connaissions un autre système de fortification.

Mais à ce moment aucun des deux ne fut trouvé concluant. La forteresse, au point de vue de son développement tactique, marquait le pas sur l'armée de campagne et l'artillerie de siége n'avait que des idées restreintes au sujet du procédé d'attaque improvisée.

Il ne fallait donc pas s'attendre qu'après la guerre, on entrât dans une voie plus rationnelle, quand il s'agirait de la construction d'une forteresse.

Vingt-cinq ans se sont écoulés depuis et la plupart des ingénieurs sont encore indécis et les manœuvres de forteresse actuelles n'apporteront aucun éclaircissement à la question.

La France a été sur la bonne voie, en 1886, en faisant exécuter un tir de guerre à obus-torpilles contre des ouvrages de fortification (Fort Malmaison).

Mais on pourrait hâter immédiatement la solution de la question, si l'on voulait procéder, sur un grand champ de tir ou dans une forteresse que l'on a l'intention de reconstruire, aux essais suivants :

1° Diriger un feu de masse à obus torpilles contre deux forts et leurs batteries intermédiaires.

2° Diriger le même feu contre un front cuirassé ayant un développement de 2 à 3 kilomètres et construit en fortification improvisée.

3° Faire cesser le feu de l'attaque et faire tirer les bouches à feu des forts encore intactes (?) contre les batteries de siège abandonnées.

4° Faire cesser le feu de l'attaque et faire tirer les cuirassements, qui ne sont pas hors de service, contre leur but antérieur.

5° Faire changer les batteries cuirassées de position.

Le premier essai du feu de masse exécuté à obus torpilles contre un front cuirassé ou contre un ouvrage actuel de fortification, montrerait aux ingénieurs la voie qu'ils ont à suivre à l'avenir et aurait ce résultat, c'est que de nombreux millions (capital et intérêts) ne seraient plus dépensés, dans la suite, d'une manière incertaine.

ANNEXE.

Evaluation du matériel, de la main d'œuvre, du temps et des ressources nécessaires

POUR LA CONSTRUCTION DU FRONT CUIRASSÉ.

Dans les tableaux suivants nous avons établi une comparaison entre la fortification permanente et la fortification de campagne.

Le tableau I renferme les nombres qui ont servi de base à notre évaluation.

Dans la pratique, il se présentera certainement des circonstances plus favorables ; c'est ainsi que, dans la fortification improvisée, la construction du fossé de défense et le déblai pour l'emplacement des cuirassements exigeront beaucoup moins de travail, en terrain varié.

Pour l'étendue à donner aux ouvrages, nous avons tenu compte de cette circonstance, c'est qu'en terrain varié, on trouve déjà un grand nombre de ces constructions.

Il existe naturellement aussi une différence suivant le système de construction que l'on adopte. C'est ainsi que dans la fortification de campagne, le nombre des abris est strictement réduit au logement convenable des troupes. Il en résulte une diminution dans l'étendue totale des ouvrages et dans le développement de la barrière d'obstacles.

Nous avons ainsi, en moyenne :

1. A la batterie centrale, en fortification permanente, 36 m. courants de casemates et 1000 m. courants de réseaux en fil de fer ; en fortifica-

tion improvisée, 24 m. courants d'abris et 900 m. courants d'obstacles.

2. Dans les ouvrages d'infanterie, en fortification permanente, 300 m. courants de casemates et 800 m. courants de réseaux en fil de fer ; en fortification improvisée, 270 m. courants d'abris et 750 m. courants d'obstacles.

3. A la batterie de réserve, en fortification permanente, 18 m. courants de casemates et 300 m. courants de réseaux en fil de fer ; en fortification improvisée, 15 m. courants d'abris et 250 m. courants d'obstacles.

4. A la batterie d'enfilade, en fortification permanente, 12 m. courants de casemates, 300 m. courants de réseaux extérieurs en fil de fer de 20 m. de largeur et 300. m. courants d'obstacles intérieurs de 12^m de largeur ; en fortification improvisée, 10 m. courants d'abris. Le fossé d'obstacles conserve les mêmes dimensions, parce que la batterie ne peut pas être rendue plus petite.

L'évaluation du temps s'applique, en fortification permanente, au travail produit par des ouvriers civils bien dressés.

Pour la fortification de campagne, nous admettons naturellement que les troupes soient bien exercées: l'artillerie pour creuser l'emplacement des cuirassements, l'infanterie pour construire les abris et les deux armes pour établir les réseaux en fil de fer.

Dans les tableaux qui suivent, les nombres qui se rapportent au développement des casemates, des abris, des réseaux en fil de fer et des barrières d'obstacles, ne sont pas les mêmes que ceux que nous venons de donner ci-dessus.

Nous les avons laissés tels qu'ils figuraient dans l'édition allemande, pour ne pas devoir procéder à un remaniement complet de ces tableaux. Mais le lecteur comprendra qu'il en résulte des modifications assez importantes dans l'évaluation de la dépense et de la main d'œuvre.

Tableau I.

Prix par unité des matériaux
de construction.

		Marcs.	Pfg.
I. Cuirassements :			
Obusier cuirassé de 12 cm		44,000	—
Béton pour cuirassement permanent 100 m. cubés		2,000	
Tôle ondulée pour emplacement improvisé 27 m. carrés		432	—
Canon cuirassé de 5 c. 7		14,000	—
Béton pour cuirassement permanent 35 m. cubes		700	—
Tôle ondulée pour emplacement improvisé 12 m. carrés		192	
1 Kilom. de voie ferrée de campagne avec 12 voitures simples		8,000	—
II. Abris couverts :			
Casemates bétonnées	par mètre courant	360	—
Surface de l'habitation	par mètre carré	120	—
Fers arqués pour casemates	par pièce	32	
Béton	par mètre cube	20	—
Abris en bois	par mètre courant	60	—
Abris en tôle ondulée	» » »	90	—
Abris en fers arqués et rails	» » »	250	—
III. Obstacles :			
Rouleaux de fil de fer (3 m. de long. 0,3 m. de diamètre, 0,005 m. d'épaisseur		—	80
Réseaux en fil de fer de 20 m. de largeur à 2 rangées par m. courant		32	—
IV. Terrassements ;			
Déblai pour fossé de défense (profond) par m. cube		1	—
» » » d'obstacles (large) » » »		—	60
V. Déblais moyens :			
Fossé de défense des cuirassements (style permanent) par m. courant		8 m. cubes	
Fossé de défense des cuirassements (style improvisé) par m. courant		6 » »	
Casemates (bétonnée)	par m. courant	30 » »	
Abris avec fers arqués	» » »	20 » »	
Abris en tôle ondulée et en bois	» » »	10 » »	
Obusier cuirassé (fortif. permanente)		100 » »	
» » (fortif. improvisée)		120 » »	
Canon cuirassé (fortif. permanente)		20 » »	
» » (fortif. improvisée)		50 » »	
Fossé avec fil de fer (fortif. permanente)	p. m. c.	10 » »	
» » » (fortif. improvisée)	» » »	3 » »	
VI. Evaluation du temps.			
Déblai du fossé de défense	1 homme par jour	5 » »	
» » d'obstacles	» »	6 » »	
Bétonnage	» »	2 » »	
Placement des réseaux (préparés)	» »	3 m. cour.	
» (non préparés)	» »	2 » »	
Casemates bétonnée	» »	1/12 » »	
Abri en tôle ondulée	» »	3 » »	
Abri en bois	» »	1 » »	
Abri en fers arqués et rails	» »	1/2 » »	
Montage de l'obusier cuirassé 25 hommes — 1 jour			
Installation des cuiras. mobiles 7 » — 1/2 »			

Batterie centrale permanente
Tableau II.

d'après les profils 7, 8, 9, 48

Casemates bétonnées.

Matériel et évaluation de la dépense		Marcs	Marcs
I. Terrassements:	m. cubes		
Déblai pour 2 obus. cuirassés.	200	200	
» » 3 canons »	60	60	
» » 48 m. c. de casemates.	1,440	1.400	
» » 300 m. c. de fossé de défense	2,400	2,400	
» » 900 m. c. de fossé d'obstacles	9.000	5,400	
Total:			9,500
II. Travaux de la maçonnerie:			
48 m. courants de casemates en fers arqués	à 3.60	17,280	
6 » » de latrines	à 100	600	
3 emplacements en béton pour canons cuirassés	à 700	2,100	
2 emplacements en béton pour obusiers cuirassés	à 2000	4,000	
Total:			23,980
III. Affûts cuirassés:	kgr.		
2 obusiers cuirassés de 12 c.	à 18,000	88,000	
3 canons » 5 c. 7	à 3.000	42,000	
Total:			130,000
IV. Fossé d'obstacles:	Roul.		
900 m. cour. de réseaux en fil de fer	36,000	28,800	
Réserve: 4500 rouleaux	4,500	3,600	
Total:			32,400
V. Frais imprévus:			4,120
Dépense totale pour la batt. centr.			200,000

Main d'œuvre et temps.

	1 homme jours	1 homme jours	100 hom. jours
I. Terrassements:			
Déblai pour les cuirassements, les casemates et le fossé de défense	820		
Déblai pour la fossé d'obstacles	1,500		
Total:		2,320	
II. Travaux de maçonnerie:			
48 m. courants de casemates en fers arqués. bétonnées	576		
6 m. courants de latrines bétonnées	36		
305 m. cubes pour emplacements des cuirassements en béton	153		
Total:		765	
III. Montage des cuirassements:			
2 obusiers	50		
5 canons, travail de guerre			
Total:		50	
IV. Obstacles en fil de fer:	travail de guerre		
900 m. courants de réseaux ancrés			
Total:		3,135	31,5
V. Travaux imprévus:		1,365	13,5
100 ouvriers civils achèvent la construction en 45 jours environ.		4,500	45

Tableau III. **Batterie centrale en fortification improvisée** 115

d'après les profils 10, 11, 32, 33 et 50.
Abris en tôle ondulée et fers arqués.

Matériel et dépenses.		Marcs	Marcs
I. Travaux de terrassements :	m. cubes		
Déblai pour 2 obusiers cuirassés	240		
» » 3 canons cuirassés	150		
» » 30 m. courants d'abris en tôle ondulée	300		
» » 10 » » en fers arqués	200	travail de	travail de
» » 300 » » de fossé de déf.	1,800	guerre	guerre
» » 800 » » de fossé d'ob.	2,400		
Total :			
II. Abris :			
30 m. courants de locaux en tôle ondulée	à 90	2,700	
10 » » d'abris en fers arqués et rails	à 250	2,500	
Tôle ondulée pour l'emplacement de 2 obusiers	à 432	864	
Tôle ondulée pour l'emplacement de 3 canons	à 192	576	
Total :			6,640
III. Affûts cuirassés :	kgr.		
2 obusiers cuirassés de 12 c.	à 18,000	88,000	
3 canons » de 5 c. 7	à 3,000	42,000	
Total :			130.000
IV. Fossés d'obstacles :	Roul.		
800 m. cour. de réseaux en fil de fer	32,000	25,600	
Réserve : 4000 rouleaux	4,000	3,200	
Total :			28,800
V. Dépenses imprévues :			4,560
Dépense totale pour la bat. centrale			170,000

Main d'œuvre et temps.	1 homme jours	1 homme jours	400 hom. jours
I. Travaux de terrassements :			
Déblai pour cuirassements. abris, fossé de défense	538		
Déblai pour le fossé d'obstacles	400		
Total :		938	
II. Abris :			
30 m. courants d'abris en tôle ondulée	10		
10 » » d'abri en fer arqué	30		
90 » carrés de revêtement de cuir.	10		
Total :		50	
III. Montage des cuirassements :			
2 obusiers	50		
3 canons	10		
Total :		60	
IV. Obstacles en fil de fer :			
800 m. courants de réseaux ancrés	400	400	
Total :		1,448	4
V. Majoration pour travaux imprévus :		552	1
400 ouvriers civils achèvent la construction de la batterie en 5 jours.		2,000	5

d'après les profils 7, 8, 9 et 48

Casemates bétonnées.

Matériel et dépenses.	m. cubes	Marcs	Marcs
I. Travaux de terrassements :			
Déblai pour 1 obusier cuirassé	100	100	
„ „ 2 canons cuirassés	40	40	
„ „ 24 m. courants de casemates	720	720	
„ „ 100 „ „ de fossé de défense	800	800	
„ „ 250 „ „ „ d'obstacles	2,500	1,500	
Total :			3,160
II. Travaux de maçonnerie :			
24 m. courants de casemates en fers arqués	à 360	8,640	
4 „ „ „ latrines	à 100	400	
1 emplac. en béton pour 1 obusier cuir.	à 2000	2,000	
2 „ „ „ „ 2 canons cuir.	à 700	1,400	
Total :	kgr.		12,440
III. Affûts cuirassés :			
1 obusier cuirassé de 12 c.	à 18,000	44,000	
2 canons cuirassés de 5 c. 7	à 3,000	28,000	
Total :	Roul.		72,000
IV. Fossé d'obstacles :			
250 m. courants de réseaux en fil de fer	10,000	8,000	
Réserve : 1250 rouleaux	1,250	1,000	
Total :			9,000
V. Dépenses imprévues :			3,400
Dépense totale pour la batterie de réserve			100,000

Main d'œuvre et temps.	1 homme par jour	1 homme jours	100 hom. jours
I. Travaux de terrassements :			
Déblai pour cuirassements, casemates, fossé de défense	332		
Déblai pour le fossé d'obstacles	418		
Total :		750	
II. Travaux de maçonnerie :			
24 m. courants de casemates en fers arqués	288		
4 „ „ „ latrines	24		
170 „ cubes de béton pour l'emplacement des cuirassements	85		
Total :		397	
III. Montage des cuirassements :			
1 obusier			
2 canons, travail de guerre	25		
Total :		25	
IV. Obstacles en fil de fer :			
250 m. courants de réseaux en fil de fer ancrés	travail de guerre		
Total :		1,122	11,5
V. Majoration pour travaux imprévus :		828	8,5
100 ouvriers civils achèvent la construction de la batterie en 20 jours environ		2,000	20

Tableau V. **Batterie de réserve en fortification improvisée.**

d'après les profils 10, 11, 12, 33 et 50

Abris en tôle ondulée.

Matériel et dépenses.	m. cubes	Marcs	Marcs
I. Travaux de terrassements :			
Déblai pour 1 obusier cuirassé	120		
„ „ 2 canons cuirassés	100		
„ „ 20 m.c. d'abris en tôle ondulée	200		
„ „ 100 „ de fossé de défense	600		
„ „ 200 „ „ d'obstacles	600		
Total :		travail de guerre	travail de guerre
II. Abris.			
20 m. cour. d'abris en tôle ondulée y compris les latrines	à 90	1,800	
Tôle ondulée pour 1 emplacement d'ob.	à 432	432	
„ „ „ 2 emplacements de canons	à 192	384	
Total :			2,616
III. Affûts cuirassés :	kgr.		
1 obusier cuirassé de 12 c.	à 18,000	44,00	
2 canons cuirassés de 5c, 7	à 3,000	28,000	
Total :			72,000
IV. Fossé d'obstacles :	Roul.		
200 m. de réseaux en fil de fer	8,000	6,400	
Réserve : 1000 rouleaux	1,000	800	
Total :			7,200
V. Dépenses imprévues :			3,184
Dépense totale pour la batterie de réserve			85,000
Main d'œuvre et temps.	1 homme jours	1 homme jours	400 hom. jours
I. Travaux de terrassements :			
Déblai pour cuirassements, abris et fossé de défense	204		
Déblai pour le fossé d'obstacles	100		
Total :		304	
II. Abris :			
20 m. courants d'abris en tôle ondulée	7		
51 m. carrés de revêtement de cuirassements	5		
Total :		12	
III. Montage des cuirassements :			
1 obusier	25		
2 canons	7		
Total :		32	
IV. Obstacles en fil de fer :			
200 m. courants de réseaux en fil de fer ancrés	100	100	
Total :		448	1, 2
V. Majoration pour travaux imprévus :		352	0,8
400 ouvriers achèvent la construction de la batterie en 2 jours.		800	2

d'après les profils 7, 8, 9, 48

Casemates bétonnées.

Matériel et dépenses.		Marcs	Marcs
	m. cubes		
I. Travaux de terrassements.			
Déblai pour 2 canons cuirassés	40	40	
„ „ 10 m. cour. de casemates	300	300	
„ „ 100 „ „ de fossé de défense	800	800	
„ „ 300 „ „ „ d'obstacles	3000	1,800	
Total :			2,940
II. Travaux de maçonnerie :			
10 m. cour. de casemates en fers arqués	à 360	3,600	
2 „ de latrines	à 100	200	
2 emplacements en béton pour 2 canons cuirassés.	à 700	1,400	
Total :			5,200
III. Affûts cuirassés :	kgr.		
2 canons cuirassés de 5c, 7	à 3.000	28,000	
Total :			28,000
IV. Fossé d'obstacles :	Roul.		
300 m. courants de réseaux en fil de fer	12,000	9,600	
Réserve : 1500 rouleaux	1,500	1,200	
Total :			10,800
V. Dépenses imprévues.			3,060
Dépense totale pour la batterie d'enfilade			50,000

Main d'œuvre et temps.	1 homme jours	1 homme jours	100 hom. jours
I. Travaux de terrassements :			
Déblai pour cuirassements, casemates, fossé de défense.	228		
Déblai pour le fossé d'obstacles	500		
Total :		728	
II. Travaux de maçonnerie :			
10 m. courants de casemates en fers arqués	120		
2 „ „ de latrines	12		
70 „ cubes de béton pour l'emplacement des cuirassements	35		
Total :		167	
III. Montage des cuirassements :			
2 canons	travail de guerre		
IV. Obstacles en fil de fer :		50	
300 m. courants de réseaux en fil de fer ancrés.	travail de guerre		
Total :		895	9
		505	5
V. Majoration pour travaux imprévus :		1,400	14
100 ouvriers civils achèvent la construction de la batterie en 14 jours environ.			

Tableau VII. **Batterie d'enfilade en fortification improvisée** 119
d'après les profils 10, 12, 32, 38 et 50.
Abris en tôle ondulée

Matériel et dépenses.	m. cubes	Marcs	Marcs
I. Travaux de terrassements :			
Déblai pour 2 canons cuirassés	100		
» » 8 m. c. d'abris en tôle ondulée	80		
» » 100 m. c. de fossé de défense	600		
» » 250 m. c. » d'obstacles	750		
Total :		travail de guerre	travail de guerre
II. Abris :			
8 m. c. d'abr. en tôle ondulée (sans latrines)	à 90	720	
Tôle ondulée pour 2 canons cuirassés	à 192	384	
Total :			1,104
III. Affûts cuirassés :	kgr.		
2 canons cuirassés de 5 c, 7	à 3,000	28,000	
Total :			28,000
IV. Fossé d'obstacles :	Roul.		
250 m. cour. de réseaux en fil de fer	10,000	8,000	
Réserve : 1250 rouleaux	1,250	1,000	
Total :			9,000
V. Dépenses imprévues :			1,896
Dépense totale pour la batterie d'enfilade			40,000

Main d'œuvre et temps.	1 homme jours	1 homme jours	400 hom. jours
I. Travaux de terrassements :			
Déblai pour cuiras. abris, fossé de défense	156		
» » le fossé d'obstacles	125		
Total :		281	
II. Abris :			
8 m. courants d'abris en tôle ondulée	3		
24 » carrés de revêtement de cuirass.	3		
Total :		6	
III. Montage des cuirassements :			
2 canons	7		
Total :		7	
IV. Obstacles en fil de fer :			
250 m. courants de réseaux en fil de fer ancrés			
Total :	125	125	
V. Majoration pour travaux imprévus :		419	1,0
400 ouvriers civils achèvent la construc-		181	0,5
tion de la batterie en 1 1/2 jour.		600	1 1/2

Ouvrage permanent pour l'infanterie   Tableau VIII.
d'après les profils 28, 30, 35 et 48
Casemates bétonnées.

Matériel et dépenses.	m. cubes	Marcs	Marcs
I. Travaux de terrassements :			
Déblai pour 380 m. courants de casemates	11,400	11,400	
Construction de rampes centrales	500	500	
Déblai pour 1000 m. c. de fossé d'obstacles	10,000	6,000	
Total :			17,900
II. Travaux de maçonnerie :			
380 m. cour. de casemates en fers arqués	à 360	136,800	
32 „ „ latrines	à 100	3,200	
Total :			140.000
	Roul.		
III. Fossé d'obstacles :			
1000 m. courants de réseaux en fil de fer	40,000	32,000	
Réserve : 5000 rouleaux	5,000	4,000	
Total :			36,000
IV. Dépenses imprévues :			6,100
Dépense totale pour l'ouvrage			200,000

Main d'œuvre et temps.	1 homme jours	1 homme jours	100 hom. jours
I. Travaux de terrassements :			
Déblai pour casemates et rampes	2,380		
Déblai pour le fossé d'obstacles	1,670		
Total :		4,050	
II. Travaux de maçonnerie :			
380 m. cour. de casemates en fers arqués	4,560		
32 » » de latrines (bétonnées toutes deux)	190		
Total :		4,750	
III. Obstacles en fil de fer :			
1000 m. courants de réseaux en fil de fer ancrés	Travail de guerre		
Total :		8,800	88
IV. Majoration pour travaux imprévus :		1,200	12
100 ouvriers civils achèvent la construction de l'ouvrage en 100 jours environ.		10,000	100

Tableau IX. **Ouvrage d'infanterie en fortification improvisée** 121

d'après les profils 33, 38 et 50

Abris en tôle ondulée.

Matériaux et dépenses	m. cubes	Marcs	Marcs
I. Terrassements :			
Déblai pour 300 m. courants d'abris	3,000		
Construction des rampes	500		
Déblai pour 800 m. c. de fossé d'obstacles	2,400	travail de guerre	travail de guerre
Total :			
II. Abris :			
300 m. c. de locaux en tôle ondulée y compris les latrines	à 90	27,000	
Total :			27,000
III. Fossé d'obstacles :	rouleaux		
Réseaux en fil de fer pour 800 m. courants	32,000	25,600	
Réserve : 4000 rouleaux	4,000	3,200	
Total :			28,000
IV. Frais imprévus :			4,200
Dépense totale pour tout l'ouvrage			60,000
Main d'œuvre et temps.	1 homme jours	1 homme jours	400 hom. jours
I. Terrassements :			
Déblai pour abris et rampes	700		
» » fossé d'obstacles	400		
Total :		1,100	
II. Abris :			
300 m. cour. de charpente en tôle ondulée	100		
Total :		100	
III. Obstacles en fil de fer :			
800 m. courants de réseaux ancrés	400	400	
Total :		1,600	4
IV. Majoration pour travaux imprévus :		400	1
400 ouvriers achèvent l'ouvrage en 5 jours		2,000	5

Ouvrage d'infanterie en fortification improvisée Tableau X.

d'après les profils 34, 39 et 50

Charpentes en bois.

Matériaux et dépenses.		Marcs	Marcs
	m. cubes		
I. Terrassements :			
Déblai pour 300 m. courants d'abris.	3,000		
Construction des rampes	500	Travail de guerre	Travail de guerre
Déblai pour 800 m. c. de fossé d'obstacles	2400		
Total :			
II. Abris.	à 60		
300 m. courants de charpente en bois y compris les latrines		18,000	
Total :			18,000
III. Fossé d'obstacles :	Roul.		
800 m. courants de réseaux en fil de fer	32,000	25,600	
Réserve : 4000 rouleaux	4,000	3,200	
Total :			28,800
IV. Frais imprévues :			3,200
Dépense totale pour tout l'ouvrage			50,000

Main d'œuvre et temps.	1 homme jours	1 homme jours	400 hom. jours
I. Terrassements :			
Déblai pour abris et rampes	700		
» » le fossé d'obstacles	400		
Total :		1,100	
II. Abris :			
300 m. c. de charpente en bois	300		
Total :		300	
III. Obstacles en fil de fer :			
800 m. c. de réseaux ancrés	400	400	
Total :		1,800	4,5
V. Majoration pour travaux imprévus :		600	1,5
400 ouvriers achèvent l'ouvrage en 6 jours		2,400	6

Tableau XI. **Front cuirassé de Metz en fortification** 123

Front cuirassé de Metz en fortification permanente.

Ligne détachée pour la transformation de la place	Marcs	Marcs
43 batteries centrales cuirassées, en style permanent	200,000	8,600,000
44 » de réserve » » » »	100,000	4,400,000
48 » d'enfilade » » » »	50,000	2,400,000
44 ouvrages d'infanterie	200,000	8,800,000
100 kilomètres de voies ferrées avec 1200 voitures	8,000	800,000
450 affûts cuirassés y compris les ouvrages de défense 1 affût cuirassé est compté à raison de 56.000 marcs		25,000,000

Un front cuirassé de 60 kilomètres coûte environ 25 millions de marcs.

Front cuirassé de Metz en fortification provisoire.

(Construction demi-permanente, demi-improvisée).

Ligne détachée pour la transformation de la place	Marcs	Marcs
43 batteries centrales cuirassées, en style permanent	200,000	8,600,000
44 » de réserve » en style improvisé	85,000	3,740,000
48 » d'enfilade » en style permanent	50,000	2,400,000
20 ouvrages d'infanterie » » »	200,000	4,000,000
24 » » en style improvisé	60,000	1,440,000
100 kilomètres de voies ferrées avec 1200 voitures	8,000	800,000
450 affûts cuirassés y compris les ouvrages de défense 1 affût cuirassé est compté à raison de 47.000 marcs		20,980,000

Un front cuirassé de 60 kilomètres coûte environ 21 millions de marcs.

Parc à cuirassements pour une forteresse en fortification improvisée.

Dépense du matériel préparé pour :	Marcs	Marcs
20 batteries centrales cuirassées, en fortification improvisée	170,000	3,400,000
20 » de réserve » » » »	85,000	1,700,000
20 » d'enfilade » » » »	40,000	800,000
20 ouvrages d'infanterie » » » »	60,000	1,200,000
100 kilomètres de voie ferrée avec 1200 voitures	8,000	800,000
200 affûts cuirassés y compris les ouvrages de défense 1 affût cuirassé est compté à raison de 40,000 marcs		7,900,000

Tout ce qui est nécessaire à la construction de ce front cuirassé de 30 kilomètres doit être emprunté à la fortification cuirassée de Metz, dans les circonstances spéciales qui peuvent se présenter à la guerre.

TABLE DES MATIÈRES :

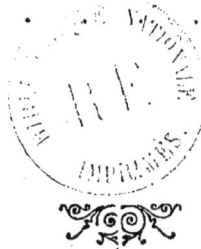

par des cuirassements.

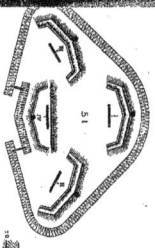

Armement et Troupes d'occupation

Batterie centrale de cuirassements. Fig. 3

2 obusiers cuirassés de 12 cm
3 canons

avec: { 1 officier
2 sous-officiers } 18 hommes
15 canonniers

Batterie d'enfilade pour cuirassements, Fig. 17
2 canons cuirassés de 5,7 cm
avec: { 1 sous-officier } 7 hommes
6 canonniers

Batterie de réserve pour cuirassements, Fig. 20
1 obusier cuirassé de 12 cm
2 canons   „ „ 5,7 „
avec: { 1 officier
1 sous-officier } 10 hommes
8 canonniers

Batterie centrale de cuirassements.

Panzer Central-Batterie.

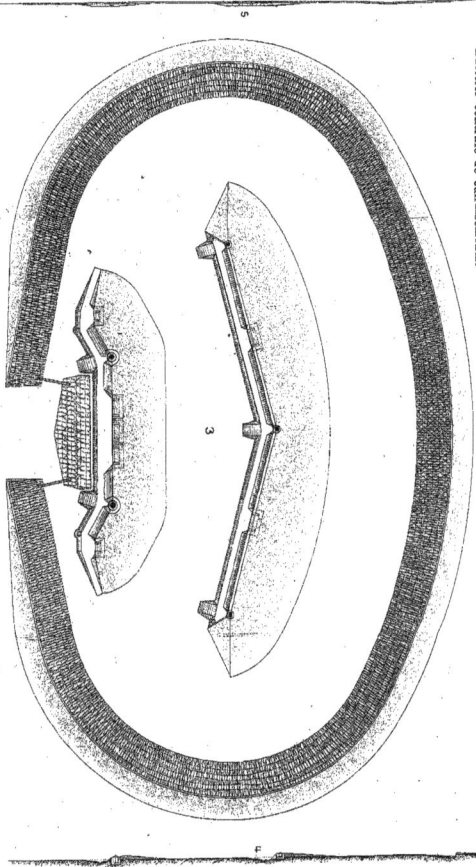

Redoute de campagne
Feldreduite
1 : 5000

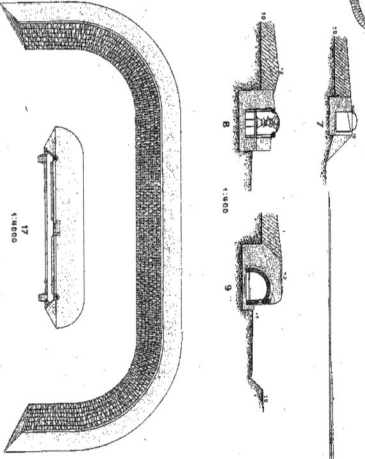

17
1:400

Panzer-Flankir-Batterie
Batterie d'enfilade pour cuirassements

ECHELLE 1:400

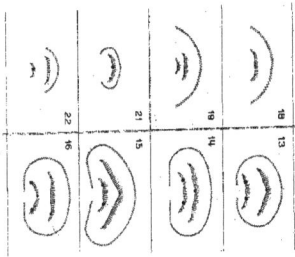

Situation 1 : 2000
Profile 1 : 4000
Profils 1 : 400

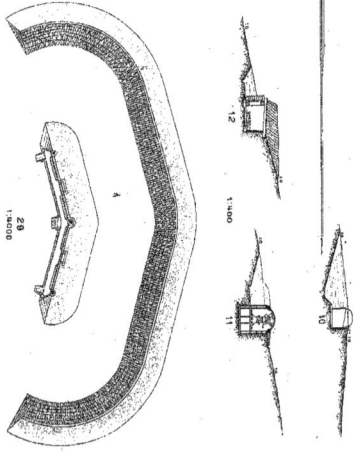

20
1:400

Panzer-Reserve-Batterie
Batterie de réserve pour cuirassements

MAASSTAB 1:400

J. Huber, Frauenfeld, éditeur.

Ein Vorschlag von J. Meyer.
Hauptmann.

Plan II

Armirung und Besatzung.

Panzer-Central-Batterie Fig. 3.
2—12 cm. Panzer-Haubitzen
3—5,7. „ Panzerkanonen

mit 1 Offizier
2 Unteroffiziere } 18 Mann
15 Kanoniere

Panzer-Flankir-Batterie Fig. 17
2—5,7 cm Panzerkanonen
mit 1 Unteroffizier } 7 Mann
6 Kanoniere

Panzer-Reserve-Batterie Fig. 20
1—12 cm Panzer-Haubitze
2—5,7 „ Panzerkanone
mit 1 Offizier
1 Unteroffizier } 10 Mann
8 Kanoniere

Feldhaubitze
Lunette de campagne
1 : 5000

Stahl, Topogr. A. Sonderegger, Winterthur

Mur. défendu
des Fronts cuirassés.
par
Proposition de la Capitaine
J. Meyer.

Planche III

Erklärung.

Das Werk ist sammt in drei Theile gegliedert.
Normalbesatzung 1 Compagnie mit etwa 240 Gewehren.

1. Zug Frontwerk
2. Zug rechtes Flankenwerk
3. Zug linkes Flankenwerk
Reserve, respective 4 Zug auf den beiden innern Flanken der Flügelwerke.

Légende.

L'ouvrage se compose généralement de 3 parties.
Troupes d'occupation: normalement 1 compagnie d'environ 240 fusils.
1er section, l'ouvrage du front
2e " " flanc droit
3e " " " gauche
4e " Réserve, sur les 2 faces intérieures des ouvrages des ailes.

Position d'infanterie

Infanterie-Stellung

Plan III

verthedigt. Ein Vorschlag von J. Meyer, Hauptmann.

Anwendung im Gelände
Application dans le terrain

Permanente Anlage
établissements permanents

MAASSTAB
1:2000

Provisorische Anlage
établissement provisoire

Situation 1:2000
Profile

Improvisirte Anlage
établissement improvisé

Situation 1:2000
Profiles

ECHELLE

J. Dumaine, Frimmelich, éditeur

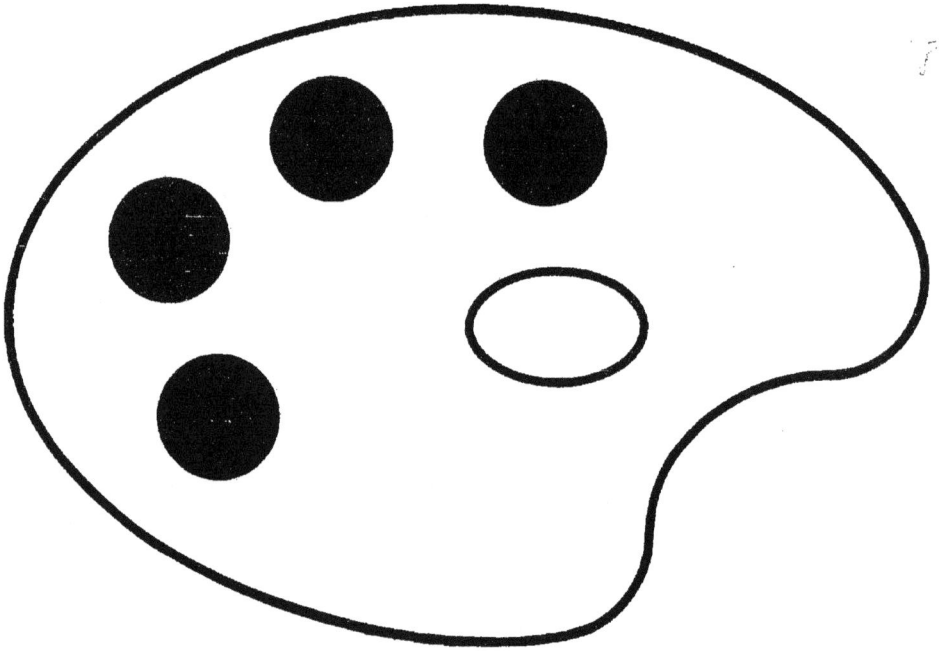

METZ

www.ingramcontent.com/pod-product-compliance
Lightning Source LLC
Chambersburg PA
CBHW051726090426

42738CB00010B/2102